EL ARTE DEL DISCIPULADO

PREPARACIÓN ESTRATÉGICA PARA DISCIPULADORES

David Noboa

EL ARTE DEL DISCIPULADO
e625 - 2023
Dallas, Texas
e625 ©2023 por David Noboa

Todas las citas bíblicas son de la Nueva Biblia Viva (NBV) a menos que se indique lo contrario.

Editado por: **María Gallardo**
Diseño: **Nati Adami / Luvastudio**

ISBN: 978-1-954149-38-0

IMPRESO EN ESTADOS UNIDOS

CONTENIDO

INTRO

En este punto de la historia se nos hace obligatorio reconocer una situación que no solo nos inquieta y desarma, sino que es tan difícil de aceptar que pareciera mejor hacer la vista gorda y aparentar que no existe.

Me refiero a la crisis del discipulado.

Hoy, en la era de la información sin límites, de las vibrantes estrategias de comunicación y de las explosiones creativas en todas las áreas de la industria, la gente se pierde en una selva de opciones que nos mantienen a todos obnubilados por el colorido de los avances del mundo. En realidad, es un espejismo, porque cuanto más avanzamos, más retrocedemos cuanto más conocimiento tenemos de las cosas, menos conocimiento tenemos del Eterno Padre que creó todas las cosas.

¿Sobre qué bases puedo sustentar la idea de que el discipulado está en crisis? Te mencionaré algunas.

En primer lugar, la pandemia de COVID-19 que se desarrolló a partir del año 2020, puso en evidencia nuestra limitadísima capacidad para retener gente. La realidad detrás de esto es que no hay nadie que haga un acompañamiento cercano durante las distintas etapas del crecimiento de un discípulo.

Eso nos da pie para hablar del segundo problema: la inmadurez. La inmadurez de la gente en cuestiones emocionales y de carácter ha venido enfermando a la Iglesia desde hace mucho tiempo, y las personas inmaduras en general no pueden o no sienten la carga de involucrarse en el llamado que nos ha sido entregado a todos los hijos de Dios: hacer discípulos.

La tercera razón para sostener que el discipulado está en crisis ¡es que estamos enseñando la Biblia (no tanto como el Padre quisiera) pero sin enseñar a la gente a obedecer lo que la ella dice! Esto equivale a transmitir un conocimiento inútil, ¿verdad?

Todas estas razones nos han colocado en una crisis que ha mermado nuestra influencia como agentes de cambio social y nos ha recluido en los templos. Y tal vez, justamente por esta sensación de reclusión, es que desde hace algunos años ha surgido un movimiento que busca "salir de la caja", salir de los templos, tener influencia fuera de las cuatro paredes. Pero claro, es difícil ser de influencia para el mundo con tanta gente dentro de las iglesias que no ha madurado en su carácter, en su espíritu, en sus emociones, en su obediencia...

Necesitamos volver a discipular, y por eso es tan importante este libro que tienes en tus manos. Espero de todo corazón que a través de este material no recibas solamente información importante, sino que puedas sentir en tu corazón el deseo de ser obediente a la misión que Jesús nos dejó y que anheles ser parte de la reforma que en este tiempo requiere la Iglesia de Cristo.

¡Te doy la bienvenida!

SECCIÓN 1

FUNDAMENTOS
DEL DISCIPULADO BÍBLICO

CAPÍTULO 1

LA MISIÓN GLOBAL INELUDIBLE

El salvador de la humanidad vino al mundo con una misión clara y varios objetivos puntuales:

- Buscar y salvar a los que se habían perdido. (Lucas 19:10)
- Encontrar a las ovejas perdidas de la casa de Israel. (Mateo 15:24)
- Anunciar buenas nuevas a los pobres, proclamar libertad a los cautivos, vista a los ciegos, y libertad a los oprimidos. (Lucas 4:18)
- Predicar sobre el reino de los cielos. (Mateo 4:17)
- Destruir por medio de la muerte al que tenía el imperio de la muerte. (Hebreos 2:14)
- Que el mundo fuera salvo por Él. (Juan 3:17)

Era una misión compleja y no podía realizarse de una sola tajada, ya que aunque Jesús hubiera cumplido su misión Él solo, sin ayuda, ¿cómo podrían las generaciones venideras acceder a la salvación y a la vida eterna sin que nadie les hablara de este sacrificio? Era necesario dejar un legado.

"Pero ¿cómo van a buscar la ayuda de alguien en quien no creen? ¿Y cómo van a creer en alguien de quien no han oído

hablar? ¿Y cómo van a oír de él si no se les habla? ¿Y quién puede ir a hablarles si no lo envía nadie?...".

Romanos 10:14-15

Yeshúa, el mesías anhelado por generaciones, había venido al mundo.

El mundo entero vio gran luz y la tierra se llenó de su gracia.

Murió y resucitó.

Pero... ¿cómo quedaría el mundo, si ya era tiempo de volver al Padre? ¿Qué pasaría con su misión?

"A diferencia de las arenas movedizas del secularismo y el animismo, solo la narrativa del teísmo bíblico proporciona un fundamento estable para construir naciones libres, justas, compasivas y prósperas. Nuestro llamado es cumplir el 'telos' (objetivo) de Dios, su plan supremo. Solo las personas con una idea bíblica del tiempo están preparadas para responder a ese llamamiento supremo".

Darrow Miller – *Discipulando naciones*

Sus discípulos contemplaban maravillados al Jesús resucitado. Hacía apenas tres días lo habían visto colgado de una cruz. Algunos quizás aún no lo podían creer... pero era real. Estaba vivo, allí, delante de ellos, glorioso, sempiterno. Y antes de ser levantado en el aire, Él les aseguró que pronto recibirían poder del Espíritu Santo para ser sus testigos hasta lo último de la tierra. Después de eso fue llevado al cielo y desapareció envuelto en una nube.

A nadie se le ocurrió preguntar: ¿testigos de qué cosa? ¿Qué debemos hacer exactamente? ¡Ellos ya lo sabían, porque Jesús se los había dicho antes! En el pasaje de Mateo 28:18-20 que leímos hace unas páginas podemos ver que había una meta, una misión, un legado repartido en tres intenciones precisas:

1. Debía ser global, para alcanzar a todas las naciones.
2. Debía involucrar un sumergimiento (bautismo) en el conocimiento del Padre, del Hijo y del Espíritu Santo.

3. Debía evidenciar su cumplimiento a través de obedecer los mandamientos que Él había dado.

En el transcurso de la historia muchas cosas han cambiado. Con el tiempo, todo puede y va a cambiar. Las sociedades cambian, los criterios cambian, las costumbres cambian. La cultura de la Iglesia puede cambiar. Las formas, los métodos, las estrategias. Lo único que es inmutable es la misión. Podemos tener ideas grandiosas sobre cómo hacer Iglesia, podemos renovar los criterios sobre la liturgia, espacios y momentos. Podemos entender la Escritura desde diferentes puntos de vista. Y aun así, la misión no cambiará.

La misión que Jesús nos dejó es global porque la meta de nuestro Padre es que ninguno se pierda.

"El Señor no demora el cumplimiento de su promesa, como algunos suponen. Más bien lo que quiere es que nadie se pierda, por lo que está alargando el plazo para que todos se arrepientan".

2 Pedro 3:9

Él está trabajando sin cesar para que eso suceda, y el único plan que ha decidido usar es la Iglesia. Somos el plan A de Dios. Y no existe un plan B para ejecutar la misión.

"Por supuesto, Dios tiene el poder para escribir el evangelio en las nubes, de modo que toda la gente se entere de Jesús y crea en Él. Sin embargo, en su infinita sabiduría, no escogió esta vía. En cambio, ha preferido usarnos a nosotros como embajadores que llevemos el evangelio a la gente que nunca ha oído hablar de Jesús".

David Platt – *Radical*

Esa es la razón por la que no podemos eludir esta tarea. Es imprescindible que tomemos la responsabilidad que nos ha sido encomendada y persigamos el propósito de Dios para su Iglesia.

Jesús lo dijo desde un inicio:

"¡Síganme y los convertiré en pescadores de hombres!".

Mateo 4:19

Sus discípulos fueron advertidos de esto desde un principio. ¡Incluso desde antes de tomar la decisión de seguirlo! "Si vienes a mí es para convertirte en un pescador de personas..." ¡Y esto se lo decía a pescadores! De hecho, se los dijo a todos sus discípulos. Al recaudador de impuestos, al de sangre noble, al paria, al que provenía de un linaje importante y al que no tenía alcurnia, al zelote, al codicioso, al nacionalista... A todos ellos, y a nosotros.

Así es, también a ti y a mí.

¿Te sientes listo para pescar personas?

En nuestras iglesias la palabra "pescador" se ha relacionado siempre con el evangelismo. Pero es más que eso. Un pescador es un apasionado por las almas, alguien que sabe que su pesca es su razón de vivir, el motivo por el cual hace lo que hace. Cuando no hay pesca se deprime (como le pasó a Pedro), ¡y si hay pesca abundante hace una fiesta!

Pero la pesca de personas no se reduce a compartir el evangelio. Un pescador de personas es un buscador que se mueve incluso en aguas profundas. Donde sea que ese pez se encuentre, allá va él. Lo atrae con diferentes métodos, lo sube a la barca y lo lleva a buen puerto. Y después lo convierte en oveja del Buen Pastor. No será para siempre un pez, porque su pescador le ayudará a ser una oveja, y también un buey, dispuesto a arar la tierra y ser fuerte para el servicio. Ese pescador también se gozará cuando vea a su pez volando como un águila, y peleando como un león. ¡Eso es discipular!

La misión no termina cuando alguien manifiesta una decisión de fe. La misión es hacer discípulos.

La sola pesca no cumple la misión. La misión no termina cuando alguien hace una oración o manifiesta una deci-sión de fe. La misión es hacer discípulos, y esa labor no es temporal sino permanente. Un camino constante de acompa-ñamiento que busca que nos parezcamos cada vez más al único modelo que nos ha sido dado, Jesús.

Mientras tanto, Jesús nos ordenó ir. Nos creó a cada uno de nosotros para que llevemos el evangelio hasta los confines de la tierra, y propongo que todo lo que sea una devoción menos radical que este propósito es un cristianismo antibíblico.

David Platt – *Radical*

CAPÍTULO 2

ALEGORÍAS
DEL DISCIPULADO

La Biblia contiene maravillosas metáforas acerca del evangelio y de la misión, que nos ayudan a entender mejor la riqueza de su narrativa. En este capítulo analizaremos varias de estas alegorías que evocan la dinámica del discipulado...

La tierra y la semilla

El mundo es la tierra (es curioso que nuestro planeta se llame de la misma manera, ¿verdad?). Tierra lista para recibir semillas. Y Jesús fue la semilla enviada a este mundo para ser sepultado en la tierra. Jesús se refería a sí mismo en este pasaje:

"Jesús les respondió:

—Ha llegado la hora de que el Hijo del hombre sea glorificado. Es verdad que si un grano de trigo cae en tierra y no muere, se queda solo. Pero si muere, produce mucho fruto".

Juan 12:23-24

¿Por qué se compararía Jesús con una semilla?

Recordemos que Juan empezó su evangelio hablando del logos. "En el principios era el *logos*...". El verbo. La palabra. Es interesante que la Escritura compare a la palabra con una semilla. Y si Jesús era la palabra, ciertamente es la semilla que da origen a la vida, la palabra primera, El *Logos* esencial.

Jesús dejó su hogar en el cielo para venir a ser plantado en la Tierra. Aquel que era el árbol de la vida fue sembrado en el mundo para que el mundo fuera salvo por Él. Así, Juan 3:16 es una declaratoria del amor infinito del Padre enviando a su propio Hijo como semilla. Y la metáfora se hace mucho más interesante cuando Jesús explica lo que sucede con una semilla cuando es sembrada en la tierra. Allí debe morir para que pueda nacer una nueva planta, un nuevo tiempo, un nuevo propósito. Jesús es esa semilla perfecta de quien surgió la vida, y la tierra lo recibió en su muerte, pero Él se levantó glorioso y triunfante.

Ese mismo proceso atraviesa todo aquel que ha tomado el camino de ser un discípulo de Jesús. Si fuimos creados a imagen y semejanza del Eterno –y parte de esa semejanza es parecernos a Jesús– entonces nosotros también somos semillas; fuimos engendrados en esta tierra y, tal como sucedió con Jesús, debemos morir a nosotros mismos para que Cristo viva en nosotros. Debemos morir a todo lo terrenal en nosotros (Colosenses 3:5), para evidenciar que hemos sido crucificados juntamente con Cristo, de modo que Él viva en nosotros y no seamos más nosotros mismos, sino Él en nosotros (Gálatas 2:20).

Él árbol, la tierra y el huerto

Y cuando una semilla crece, forma una planta o un árbol. Juan 15 nos habla de Jesús como la vid verdadera. Una planta que nació de una semilla y creció. Y ahora nos compara a nosotros con ramas de esa planta. Ramas destinadas a dar fruto.

¡Esa es la razón del discipulado: dar fruto!

El capítulo 61 del libro de Isaías se refiere a nosotros como árboles de justicia (o vigorosos robles, dependiendo de la versión que leas). Es decir, hay una imagen espiritual de cada ser humano como un árbol que debe crecer en rectitud y dar un buen fruto.

Y Mateo 9:36-38 nos recuerda aquel momento en que Jesús tuvo compasión de las personas porque andaban dispersas como ovejas sin pastor y, dirigiéndose a sus discípulos, pronunció una de las frases más críticas (y reales aún hoy) del Nuevo Testamento: *"La mies es mucha, mas los obreros pocos"* (RVR1960).

> **Aquellos que han aceptado el desafío de cumplir la misión de Jesús se han convertido en sembradores, y para ellos la Tierra es un enorme huerto.**

Aquellos que han aceptado el desafío de cumplir la misión de Jesús se han convertido en sembradores, y para ellos la Tierra es un enorme huerto. Dios nos ha colocado aquí para labrar esa tierra, sembrar y cosechar. Somos los obreros. Pocos, pero somos. Y oramos para que se levanten más obreros. Esa fue la oración de Jesús en aquel entonces, y es nuestra oración el día de hoy. ¡Necesitamos más hijos de Dios que pronuncien las palabras "Yo voy"!

La parábola de Mateo 13 nos recuerda nuestra función, nuestro llamado, nuestra misión. Somos sembradores que vamos por el mundo buscando buena tierra para sembrar la semilla del evangelio. No es fácil encontrar buena tierra, pero cuando la hallamos nos llenamos de gozo como cualquier sembrador que salta de alegría cuando ve que aquello que sembró empieza a germinar y pronto dará fruto.

Cada uno de nosotros somos un huerto también. Nuestro corazón es un huerto. Tierra en donde el sembrador planta la semilla del evangelio. El sembrador nos planta el evangelio de Jesús, y a Jesús mismo, que es la semilla. Si nuestro corazón la recibe, se verá que era buena tierra. Pero la tierra de nuestro corazón podría estar llena de piedras, o tener poca profundidad. O la semilla podría caer junto al camino...

Y ya que hablamos de semillas, de plantas y de tierra, hablemos ahora de las raíces.

Para que una planta sembrada pueda crecer de forma adecuada necesita raíces profundas. Es decir, de convicciones profundas.

"Pido también que, por medio de la fe, Cristo habite en sus corazones, y que ustedes echen raíces y se cimienten en el amor...".

Efesios 3:17

Jesús ha sido sembrado en nuestros corazones, y nosotros debemos procurar que allí nazcan raíces firmes, inamovibles. De la misma forma, cuando hablamos de discipular a alguien, nuestro trabajo es labrar esa tierra, sembrar buena semilla, y cuidarla y regarla hasta que eche raíces profundas. ¿Qué clase de sembrador deja la semilla plantada y se olvida de ella para ir en búsqueda de otros campos, otros huertos, otras semillas? Al contrario, un buen sembrador permanece allí, contempla el germinar de una convicción, el crecer de buenos hábitos, y se maravilla con el poder de la revelación de la Palabra y su manifestación en la vida de su discípulo.

Para el sembrador, el discípulo es su huerto. No lo dejará. Lo cuidará noche y día. Le llevará agua en los días secos y conseguirá nutrientes útiles para que se fortalezca. Se alegrará con los primeros brotes, las primeras hojas, la primera fe. Lo verá crecer y madurar. Si se quiebra siendo muy joven, le colocará una tablilla para que se sostenga, le proveerá de sombra si el calor es agobiante, y lo cuidará cuando los animales salvajes vengan a romperlo. Finalmente, lo verá dar fruto, ser ejemplo, y cumplir la misión compartiendo semilla a otros... ¡Eso es discipular!

La casa, el edificio y la roca

Para aquellos con una mente más "naturalista", la Biblia explica el discipulado a través de la tierra, la semilla, los árboles, los sembradores y los huertos. Y para los que piensan más con "lógica matemática", lo explica con la alegoría de una construcción.

Cada discípulo es una casa, un edificio. Como toda construcción, necesita de un fundamento firme; sin él, corre el riesgo de caerse. La Biblia nos dice que una construcción no se puede levantar sobre la arena, porque sería frágil. Debe estar sobre la roca. Y, por supuesto, la Roca es Cristo. Jesús es La Roca Eterna, la piedra angular, el puntal de la construcción. Pablo nos dice que esta piedra principal fue desechada por los edificadores, pero para aquellos que quieren construir y entienden la importancia de este fundamento que es Jesús, este proyecto inmobiliario tendrá éxito eterno.

Cuando estás discipulando, estás construyendo. Primero la base, el fundamento, que es Jesús. Luego sigues con las paredes: pones límites, parámetros de vida, leyes y normas. Y luego vas construyendo los diferentes espacios de la casa hasta completar todo con esos detalles que lo convierten en un lugar hermoso.

¿Quién eres tú? ¿Un sembrador, un hortelano, un constructor, un arquitecto...?

La misión está en tus manos, y Jesús va contigo.

¡Adelante!

CAPÍTULO 3

CRECIMIENTO ORGÁNICO VS. CRECIMIENTO NUMÉRICO

Han pasado dos milenios desde que Jesús pisó esta Tierra, y todavía sigo maravillado cuando pienso en su ministerio.

En otro escenario, Jesús pudo haber realizado varios milagros, tomado unas cuantas fotos, y se hubiera vuelto viral por medio de las redes sociales. Así se hubiese hecho popular y ganado toda la influencia posible. Habiendo ya llamado la atención, podría haber diseñado toda una estrategia para hacer *marketing* de la marca de su Padre. Si Jesús hubiera venido solamente a dar a conocer un mensaje, no le hubiese resultado difícil. Pero no vino solo a eso.

Si Jesús hubiera tomado el camino de la política, no hubiese buscado discípulos sino caudillos. Se hubiera aliado con gente de autoridad, y cuando hubiese conseguido un público cautivo, hubiera usado su influencia para iniciar revueltas y hacerse escuchar; por ejemplo, haría una manifestación delante de los edificios romanos, llevando pancartas con frases contrarias al gobierno. Podría haber nombrado jefes por pueblos y ciudades, y poco a poco tendría a toda la región de su lado para tomar el gobierno, o para quizás repetir la hazaña de Moisés, que le gritó a faraón: "¡Deja ir a mi pueblo!". De hecho, eso era lo que esperaban algunos de sus seguidores. ¡Pero su reino no era de este mundo!

Jesús no prefirió a las multitudes, sino a los cercanos. Cuando eligió de entre todos sus discípulos a aquellos que serían los doce apóstoles, se tomó una noche entera para orar buscando la dirección del Padre. Tenía que elegir a los correctos. Y no eligió a los que estaban listos, sino a los que lo estarían después. Diamantes en bruto, o brutos diamantes...

Las multitudes lo seguían, pero Jesús no los reunió en un solo lugar, ni les pidió volver cada semana. Él los despedía para quedarse con los que estaban en su mira, con los que estaba preparando.

¿Y cómo los preparaba? Pasaba tiempo con ellos. Comía con ellos. Dormía con ellos. Procuraba conversaciones profundas y les explicaba cada cosa que enseñaba. Jesús inventaba lecciones creativas para que la gente reflexionara, pero muchos no le entendían. Sin embargo, a los que estaba preparando, a ellos sí se las explicaba.

Y Jesús se tomó su tiempo. ¡Se tomó años!

Esto me recuerda la impresionante historia del bambú japonés. El bambú se toma siete años para fortalecer sus raíces, y evita germinar durante todo ese tiempo. Como si se resistiera a crecer, se esconde debajo de la tierra hasta que llega el momento de germinar, siete años después. ¡Siete! ¡Eso debe ser desesperante para el sembrador! Cuidar una planta que no ves crecer durante siete años debe ser una experiencia frustrante. Pero no es que no está creciendo... la planta está fortaleciendo sus raíces, porque de eso dependerá su crecimiento futuro. Y un día, cuando está verdaderamente lista, ¡boom! ¡En apenas seis semanas crece más de treinta metros! Y claro, resistir semejante altura solo puede suceder si sus raíces son verdaderamente fuertes...

De la misma manera, cuando Jesús eligió a sus discípulos, Él estaba pensando en las raíces de lo que sería el mayor movimiento de la historia. Sabía que no crecerían de inmediato, y por eso, con paciencia, los preparó para el futuro.

Y lo mismo hace el Padre con nosotros. Se toma su tiempo, nos tiene paciencia. Nos prepara desde la raíz con una expectativa de futuro.

¿Quieres saber cómo hacer discípulos?

¡Hazlo como Jesús!

Jesús lo creó todo. Él sabe cómo funciona el tema de hacer crecer algo. Así lo hizo con sus discípulos. Primero puso el fundamento, los acompañó, corrigió, consoló, enseñó. Compartió con ellos momentos íntimos, les enseñó a servir, a soportarse los unos a los otros. Les enseñó a amar. Y todo esto no fue fácil. No fue la tarea de una lección de fin de semana. Él repetía una y otra vez las cosas que ellos aún no habían entendido, y lo hacía con paciencia. Él estaba trabajando en sus raíces, para que más tarde ellos pudieran ser sus testigos en todo el mundo.

Jesús sabía que el discipulado no va de lo grande a lo pequeño, sino de lo pequeño a lo profundo. Sergio Valerga, en su libro *La iglesia relacional* (en el capítulo titulado "El discipulado sucede en lo pequeño"), lo dice de esta manera:

"Jesús se centró en la verdadera profundidad y en el impacto a largo plazo".

Sergio Valerga – *La iglesia relacional*

El discipulado es un trabajo de crecimiento sistemático y orgánico. Una labor de hormiga. Pero mira que las hormigas, siendo tan pequeñas, pueden construir obras de infraestructura muy complejas. Como decía mi mamá, ¡eso no es cosa de soplar y hacer botellas!

Jesús sabía que para llegar a las multitudes de forma sostenida y permanente debía primero sembrar bien en esos doce.

Ahora voy a contarte una historia personal. En mis primeros años como pastor de jóvenes, la iglesia en la que yo servía usaba el "modelo de crecimiento celular". Como todo modelo, tenía algunas cosas positivas y otras negativas. Una de las cosas positivas era que nos ayudaba a trabajar en metas. Cada líder de célula debía apuntar a metas tangibles que pudieran evidenciar el crecimiento. Para los que estábamos a cargo de una red de células (en mi caso era la red de adolescentes y jóvenes) nuestra meta era abrir más células. Eso era bueno porque enfocaba nuestra mente y esfuerzo en un logro definido. Sin embargo, como siempre pasa con los seres humanos, terminamos forzando las cosas... Como había que cumplir la meta, aparecían de pronto las que llamábamos "células *popcorn*" (células palomitas de maíz). Simplemente aparecían, como en una explosión. Saltaban de un momento a otro "de semilla a canguil" (como se le llama en mi tierra a las palomitas de maíz).

No estábamos pensando en las raíces sino en el fruto. Queríamos obtener un fruto inmediatamente, y eso nos obligaba a provocarlo. Y la consecuencia lógica era que teníamos gente en diversos grupos, y los grupos celulares crecían en número, pero la gente no daba en realidad pasos de crecimiento personal. No estábamos desarrollando el carácter de Jesús en esas personas, sino que se habían convertido en números. Y tarde o temprano algunos se iban, algunas células se cerraban, y nosotros corríamos para abrir otras y poder cumplir la meta.

Suena algo frío, calculador y poco espiritual, pero en realidad no era así. ¡Lo hacíamos de corazón! De verdad queríamos crecer, y teníamos el anhelo genuino de compartir el amor de Jesús a la mayor cantidad posible de personas, pero la meta no estaba bien enfocada. No estábamos formando raíces fuertes, y entonces la cosecha se perdía poco a poco. No era un crecimiento sostenible a través del tiempo.

La diferencia podría verse de esta manera:

CRECIMIENTO NUMÉRICO	CRECIMIENTO ORGÁNICO
Corre el riesgo de tener únicamente metas numéricas.	Apunta a metas individuales de crecimiento personal.
Puede caer en el error de mirar a las personas como un número o una estadística.	Pone la mira en los individuos, en la comunidad y en las relaciones cercanas.
Puede relacionarse con la urgencia del pastoreo en masa.	Emplea el discipulado personal como estrategia de crecimiento.
Es más rápido, pero no suele lograr raíces profundas.	Se toma el tiempo necesario para desarrollar raíces profundas y firmes.
Atrae a más gente, pero es difícil saber si están creciendo o no.	Atrae a menos gente, pero es más fácil constatar sus pasos de crecimiento.

Luego de algunos años de enfocarme (equivocadamente) en los números, pude aprender algunas cosas.

- No sirve de mucho tener una gran cantidad de gente en los grupos si no estamos trabajando en sus raíces. Mientras más débil sea la raíz, más fácil será que la persona se aleje de Dios.
- La meta no es la cantidad de gente o de grupos, sino formar el carácter de Jesús en ellos. La gente sin carácter tarde o temprano sucumbirá.

La meta no es la cantidad de gente o de grupos, sino formar el carácter de Jesús en ellos.

- Nuestros programas pueden desplegar gran creatividad y ser muy llamativos, pero si carecen de un enfoque en el discipulado no nos ayudan a cumplir la misión.
- El discipulado bíblico es a largo plazo. Dedica tiempo a trabajar en las raíces, y usualmente no se verá fruto de inmediato.
- El crecimiento real no es numérico, no se puede medir en números. Se mide en procesos y en carácter. Como dice uno de los valores de E625: "El crecimiento es espiritual, no matemático".

Advertencia:

Mi intención aquí no es criticar un modelo. Algunos dirán: "Si el modelo está mal, vamos a cambiarlo todo de una vez". Pero no es así. No se trata del modelo de crecimiento que uses. Se trata del enfoque. No importa si se trata de un sistema celular, o del modelo de Jesús o el de una iglesia con propósito. Todos los modelos son sistemas organizativos que nos permiten acoplar el servicio de la iglesia dentro de un esquema estructurado, que ayuda a que todos los participantes tengan claro hacia dónde avanzar. Pero ningún modelo de crecimiento será útil si no nos ayuda a cumplir la misión. Y esta es *hacer discípulos*.

Tener una estructura organizativa es indispensable para sostener el crecimiento numérico, pero nuestra brújula debe apuntar al crecimiento espiritual de cada persona, que se mide en su carácter, actitud y madurez.

"El discipulado genuino es aquel que compromete todo el ser".

John Stott

¿Qué estás haciendo para que eso suceda?

¡Vamos, hagamos discípulos! Formemos el carácter de Jesús en ellos. Seamos sembradores y seamos pacientes. Si sabes cuidar esa tierra y darle todo lo que necesita, de seguro verás buenos frutos.

Y otra cosa importante: sé que ahora mismo estás pensando en tus discípulos y en cómo harás para formar el carácter de Jesús en ellos, pero no olvides jamás que tú también eres un discípulo de Jesús (y que nunca dejarás de serlo). Tu carácter también está siendo formado, y todavía tienes áreas en las que necesitas trabajar. No creas que al empezar a discipular a alguien ya no necesitarás aprender nada más.

¡Tu crecimiento también debe ser espiritual y no matemático!

CAPÍTULO 4

PARÁMETROS PARA UN DISCIPULADO EFECTIVO

En un buen proceso de discipulado intervienen partes importantes que deben engranar de forma adecuada, como sucede en el funcionamiento de una máquina de precisión de buena calidad. Y, aunque el discipulado es un proceso orgánico más que mecánico, el poder dividir su análisis en diferentes facetas nos ayudará a entenderlo bien (e incluso a mejorarlo).

Hablaremos ahora de tres elementos que se entrelazan para lograr un discipulado efectivo e integral. Son aspectos que dependen el uno del otro, y que no se pueden obviar. Si faltara uno de ellos, el discipulado quedaría algo desequilibrado.

¡Vamos a revisarlos juntos!

El discipulado depende de un elemento relacional

Usualmente olvidamos que el discipulado requiere de la relación entre discipulador y discípulo. Como iglesia hemos hecho mucho énfasis en impartir conocimiento bíblico, y eso es fundamental, pero permanecer en ese nivel es dejar el proceso del discipulado bíblico a medias.

"La personalidad exige comunidad. El mismo Dios existe en tres personas. Las relaciones son esenciales para la vida y la salud, y un indicador principal de riqueza. Ser persona es estar relacionado".

Darrow Miller – *Discipulando naciones*

No se puede discipular sin tener en cuenta el elemento relacional.

En la Biblia vemos que:

- Jesús tuvo una relación profunda con sus discípulos (y más profunda aun con tres de ellos).
- Cuando Pablo habla de Timoteo, habla de él como su hijo espiritual, con palabras que solo pueden provenir de un padre.
- Moisés caminó con Josué guiándolo como su discípulo y enseñándole todo cuánto podía. Esta era una relación de confianza y respeto mutuo.

En la serie de libros *Proyecto discipulado* hemos podido tocar algo de este tema. ¡Es necesario retomar la importancia de las relaciones en medio de los procesos de discipulado! Sin una relación personal, el discipulado se queda en el nivel de transmisión de conocimientos y, por lo tanto, queda incompleto.

"Las iglesias no son colecciones de individuos, sino comunidades de discípulos que se buscan y se necesitan unos a otros".

Sergio Valerga – *La iglesia relacional*

El discipulado tiene un ingrediente cognitivo

¡Claro que sí! El discípulo debe recibir información. Debe entenderla y aprenderla. El reto que plantea este ingrediente es el de no limitarnos al conocimiento natural o teológico. El discípulo también necesita aprender a ser guiado por el Espíritu de Dios para entender lo que está recibiendo.

Si Dios es un ser intelectual que planeó al detalle toda la creación, si en su mente no hay ningún error de cálculo, si nosotros fuimos creados a su imagen y semejanza... entonces es lógico asumir que nosotros somos seres intelectuales también.

"Las personas, como representantes de Dios en la tierra, comparten parte de esta autoridad, usando su capacidad racional para ordenar el caos".

Darrow Miller – *Discipulando naciones*

El discipulado adquiere su ingrediente cognitivo a través del acceso al conocimiento de las cosas, lo cual es algo que nos ha sido otorgado por el mismo Creador inteligente. Y en ese ejercicio de sabiduría celestial nos ha concedido el ser copartícipes de poner orden en el mundo a través de nuestra intervención inteligente (aunque debemos tener cuidado, porque el conocimiento que recibimos también puede estar contaminado).

Hablemos ahora de los dos tipos de conocimiento según la Escritura:

El **conocimiento natural** es básico, objetivo y común a todos. De allí obtenemos información histórica, detalles literarios sobre la narrativa bíblica, entendemos el estilo de escritura de cada época, tomamos en cuenta el factor cultural, y procuramos darle una interpretación sana al texto bíblico en base a parámetros establecidos por la hermenéutica o la exégesis. Esto es bueno, y absolutamente necesario.

Pero también está el **conocimiento espiritual**. Ese viene de Dios. Pablo nos habla un poco acerca de la diferencia entre ambos tipos de conocimiento cuando dice:

"Basta ya de estarse engañando. Si alguno cree que tiene más inteligencia que cualquier otro, según las normas de este mundo, vuélvase ignorante, para que así llegue a ser sabio, porque la sabiduría de este mundo es insensatez a los ojos de Dios. Como está escrito: «Dios enreda a los sabios en la misma sabiduría de que hacen gala». Además, también dice: «El Señor conoce los razonamientos humanos, y sabe cuán inútiles son»".

1 Corintios 3:18-20

Casi podríamos verlo como si se tratara de niveles. El conocimiento racional, humano, inteligente y reflexivo, es como el nivel 1. Es básico, pero necesario. En cambio, el conocimiento sobrenatural nos da un acceso diferente, una comprensión diferente. Nos coloca en un escenario distinto.

"Pregúntame y yo te revelaré algunos importantes secretos acerca de lo que habrá de ocurrir aquí".

Jeremías 33:3

Entender las cosas con este tipo de conocimiento celestial sería como estar en el nivel 2, 3, ¡o 10! Todos debemos permanecer en una constante búsqueda de ese conocimiento, y cuando hacemos discípulos también debemos anhelar que ellos lleguen a niveles mayores de sabiduría.

"En cambio, la sabiduría que viene del cielo produce en primer lugar una vida pura. También produce paz, bondad, mansedumbre, imparcialidad, sinceridad y está llena de compasión y buenas acciones. Los que hacen la paz y siembran en paz, cosecharán el fruto de la justicia".

Santiago 3:17-18

Aquel que diga que ya conoce todo acerca de Dios y que no necesita aprender más, es alguien que de seguro se estancará en su crecimiento. Puedes conocer mucho de la Biblia, manejar los distintos conceptos teológicos, e incluso tener tus propias reflexiones, pero conocer a Dios no es algo que el ser humano pueda terminar de hacer en esta vida. Se requiere una eternidad, pues se trata de un Dios eterno.

El discipulado necesita de un factor vivencial

Ya tenemos una relación con nuestro discípulo. Ya tenemos un plan para que reciba el conocimiento bíblico, para que despierte su oído a recibir la instrucción de Dios y el conocimiento celestial. Ahora es necesario poner en práctica lo aprendido. El factor vivencial hace que podamos experimentar la Biblia de una manera práctica y real. De nada vale tener mucho conocimiento si no nos sirve para cambiar nuestra vida, dejar hábitos desagradables, y renovar nuestra mente.

De nada vale tener mucho conocimiento si no nos sirve para cambiar nuestra vida.

Esto tiene que ver con el "principio de la re-creación". En el comienzo, la creación entera fue moldeada por Él y todo era bueno. Poco tiempo más tarde, lo que Dios había creado se corrompió y desvió de su diseño hacia algo que no estaba en el plan... Desde ese momento, Dios empezó a idear un plan de redención para el ser humano que consistiera en restaurar ese diseño original que se perdió. Esa restauración es una "re-creación", es un volver a crear. Es transformar para recuperar el diseño original. Y nosotros, los que predicamos el evangelio, cumplimos con el rol de ser re-creadores. La idea es recuperar la creación, regresándola a su diseño original.

Cuando caminamos con un discípulo, nuestro trabajo es ayudarle a volver a ese diseño. Si la persona tiene pecados recurrentes, pensamientos alejados de la voluntad de Dios, falta de propósito, o ha estado inmiscuida en prácticas que le hacen mal, esa persona debe restaurar el diseño de Dios para su vida.

Por eso, el factor vivencial es imprescindible para tener la experiencia completa de un discipulado genuino. Es poner en práctica lo aprendido, re-crearse y volver al diseño original de Dios.

Espero que este capítulo te haya servido para comprender por qué decimos que el discipulado bíblico es "integral". ¡Porque involucra todas las áreas del ser!

CAPÍTULO 5

CUALIDADES DEL DISCIPULADO BÍBLICO

Las cualidades son componentes descriptivos de algo. Si los parámetros nos ayudan a medir y delimitar, las cualidades nos ofrecen rasgos para identificar la esencia de algo. En este capítulo vamos a hablar de algunas cualidades del discipulado bíblico con el propósito de ayudarnos a aclarar su naturaleza. A la par, iremos viendo algunos de los enemigos que intentan evitar la manifestación de estas cualidades, y también haremos un acercamiento hacia la meta del discipulador en cada uno de los casos (quiero aclarar que no están aquí todas las cualidades que un discipulador podría desarrollar. Las que he elegido son algunas de las que pienso que son básicas para entender la esencia del discipulado).

El discipulado es trascendente

Enemigos: la temporalidad, la inmediatez, lo finito.

El discipulado apunta al propósito eterno de cada persona. Le da al discípulo un sentido mayor que él mismo, y le insta a buscar la trascendencia. Le ayuda a responder las preguntas clásicas: "¿Para qué estoy en este mundo?", "¿Para qué nací?", "¿Qué debo hacer con mi vida?".

Por este motivo, el discipulador es un portador de noticias trascendentes y eternas. Le da al discípulo la esperanza de una vida más allá de este mundo temporal, un futuro más allá de la vida natural, un sentido de propósito.

Cuando se trata de la trascendencia, la misión del discipulador es influir sobre la mentalidad temporal de sus discípulos, y ayudarles a ver las cosas desde la perspectiva del cielo.

Tú tendrás que guiar a tus discípulos a descubrir, entender y caminar hacia su llamado personal... y eso también te obliga a tener claro cuál es tu llamado.

¿Tienes en claro cuál es el propósito trascendente para tu vida?

El discipulado es expansivo

Enemigo: el estancamiento.

El discipulado no es estático, sino que es un movimiento de expansión. Se expanden el conocimiento de Dios y las capacidades espirituales del discípulo, se expanden los horizontes espirituales y las posibilidades de crecimiento... Así como el crecimiento de una planta desde una semilla hasta dar fruto, el discipulado también es un proceso de expansión.

El discipulado produce esta noción de ir por más, de no retroceder. Porque aun en los momentos de parálisis, de desierto y de prueba, Dios está obrando. El discipulador debe ayudar a su discípulo a ver la mano de Dios en medio de los momentos de sequedad, pues esos momentos son usados para la formación del carácter, y allí puede haber mucho crecimiento y expansión.

El discipulador es un provocador de expansión, y su misión es observar las áreas de estancamiento de sus discípulos, y motivarlos a moverse para salir de ellas.

¿Entiendes tu papel expansivo como discipulador?

El discipulado es disruptivo

Enemigo: el conformismo.

El evangelio irrumpe en la vida de una persona para que vuelva sus ojos a Cristo. Lo incita a hacer cambios en su forma de pensar y de actuar. Y el discipulador es un instrumento de quiebre, para lograr romper estructuras de pensamiento que llevan a mantener una vida atada a hábitos inútiles y alejados de Dios.

Un discípulo no puede conformarse con poco, pues puede llegar a una inercia mental y espiritual que lo paralice. La misión del discipulador, entonces, es analizar aquellas áreas que necesitan ser transformadas en la vida de sus discípulos, y llevar su estilo de vida a un giro importante por medio del anhelo de algo diferente.

Como discipuladores también debemos estar dispuestos a ser transformados por Dios en cuanto a planes y deseos personales, para ubicarnos donde Dios nos quiere. Somos llamados a ser transformadores de ambientes, y eso es directamente proporcional a nuestra intimidad con Dios.

¿Cómo estás en cuanto a tu intimidad con Dios? ¿Estás consciente de aquello que debe ser modificado en tu vida?

El discipulado es intencional

Enemigo: la comodidad.

El discipulado no sucede sin una acción intencionada por parte del discipulador. Jesús actuaba con verdadera intención de transformar la vida, la mente y el corazón de sus discípulos, preparándolos para lo que habría de venir. Por eso, el discipulador es un motivador influyente, que guía al cambio y a la renovación. No hay evangelio sin discípulos, y los discípulos no son nada sin la predicación del evangelio.

La misión del discipulador es volverse un propagador intencional del evangelio para la transformación de sus discípulos.

¿Has logrado dejar la comodidad para volverte un discipulador intencional?

El discipulado es contracultural

Enemigo: la cultura y lo que ella promueve.

> **El discipulado transmite principios que van en contra de la cultura predominante en el mundo.**

El discipulado transmite principios que van en contra de la cultura predominante en el mundo. Cada época viene cargada de filosofías y pensamientos que van en contra del diseño original y del deseo de Dios para la humanidad. Nuestra labor al discipular a alguien es ayudarle a ver lo que se ha filtrado en la cultura para poder combatirlo desde una perspectiva celestial.

El discipulador es un navegante de culturas. Ayuda a su discípulo a no convertirse en un opositor pusilánime que mira desde lejos la batalla, y que la mayoría de las veces decide no enfrentarse a la cultura para no quedar mal con el resto. Le provee las armas necesarias para que pueda enfrentarse a la cultura e ir contra ella, no para levantar simples gritos de protesta y oposición, sino para establecer límites y generar propuestas de transformación de la cultura dominante.

La misión del discipulador es explorar la cultura para combatir aquellos de sus rasgos que se filtran y enferman al cuerpo de Cristo, y en especial a sus discípulos.

Si la cultura promueve la liberalidad sexual, el discípulo debe aprender a moverse en santidad y a afectar positivamente con ella a los que tiene a su alrededor. Si la cultura promueve la idolatría, el discípulo debe aprender a poner a Dios en el trono y motivar a sus cercanos a rendirse al Eterno. Si la cultura promueve el feminismo, el discípulo debe desarrollar un entendimiento de igualdad genuino, que no menosprecia a unos o a otros, sino que propone lo que la Escritura dice acerca del valor que cada persona tiene para Dios.

¿Puedes identificar los virus culturales que enferman a tus discípulos? ¿Cómo los ayudarás a combatirlos?

CAPÍTULO 6

LA DISCUSIÓN
ALREDEDOR DE LA MESA

La mesa nos provee una dinámica interesante. Cuando uno se sienta alrededor de una mesa, se ve obligado a ver a los demás cara a cara; asume el reto de compartir, y experimenta el hecho de ser vulnerable.

Y no estoy hablando del mueble inanimado, sino de lo que el concepto de "mesa" provoca. La mesa es sinónimo de comida, de compartir, de generosidad, de diálogo, de unidad.

Jesús nos mostró la importancia de la mesa muchas veces, pero una historia que me impacta profundamente es la de la conversación que tuvo con Pedro luego de haber resucitado, que leemos en Juan 21.

Los discípulos habían salido a pescar, y Jesús los esperó en la orilla para compartir con ellos un desayuno de pan y pescado (no tenían allí una mesa física, pero es como si la hubiera habido).

Luego de desayunar, Jesús le hizo una pregunta a Pedro: *"Simón, hijo de Juan, ¿me amas más que estos?"*. Era una pregunta llamativa, sobre todo porque pocos días antes Pedro había jurado y perjurado que jamás le abandonaría, y exactamente eso fue lo que hizo poco después.

Pedro le respondió: *"Sí, Señor, tú sabes que te quiero"*.

Luego Jesús le preguntó lo mismo por segunda y por tercera vez, y tras cada una de las respuestas afirmativas de Pedro, Él le dijo: *"Cuida de mis ovejas"*.

Con esta conversación alrededor de la mesa, Jesús le restituyó a Pedro su llamado y lo colocó nuevamente en la misión. Y esta escena también nos afirma a nosotros, dándonos a entender que no importa cuántas veces fallemos, Él nunca nos desecha ni nos condena. ¡No nos aparta de la misión, sino que nos prepara la comida del día siguiente!

El momento de estar juntos alrededor de la mesa es más que solo comida.

Y es que el momento de estar juntos alrededor de la mesa es más que solo comida. Es unidad. Es vulnerabilidad. Es familia. ¡Qué importante es la mesa en una familia!

"La mesa familiar es una escuela. Una en la que no solo aprendemos el arte de la conversación, sino que también aprendemos a pensar y hablar el lenguaje de nuestra familia. Es un espacio donde el discipulado y el crecimiento espiritual pueden tener un lugar predominante".

Sergio Valerga – *La iglesia relacional*

Algo que aprendí de uno de mis mentores, y lo practiqué varias veces alrededor de la mesa con mi familia, es aprovechar ese momento para responder dos preguntas: "¿Qué fue lo mejor de tu día?" y "¿Qué fue lo peor de tu día?". Estas preguntas son un buen pretexto para que cada miembro de la familia que está sentado a la mesa pueda abrirse a los suyos, y así compartir sus experiencias de la jornada y lo que cada uno tiene en su corazón.

Alrededor de la mesa no solo se come. También se trabaja, se ora...

Alrededor de la mesa se firman grandes negocios. Se producen los mejores acuerdos...

Alrededor de la mesa se fabrican los mejores recuerdos.

Cuando era pequeño, mis hermanos y yo comíamos juntos alrededor de una mesa redonda que se encontraba en la cocina de la casa. Yo era un niño muy llorón. No tengo idea de los motivos por los que lloraba tanto, incluso a la hora de la comida. Pero como odiaba que me vieran así, vulnerable, yo ponía frascos y botellas en el medio para evitar las miradas de todos. Mi hermano mayor (que nunca dejaba pasar una oportunidad para divertirse) solía buscar mis ojos entre las botellas solo para que yo me molestase. De repente yo lo encontraba mirándome, y pegaba un grito. Y mi mamá entonces lo corregía, y yo me llenaba de satisfacción de que lo retasen, aunque a él parecía no importarle eso. ¡Aún hoy, tantos años después, cuando nos reunimos con mis hermanos, recordamos esas historias de la niñez que sucedieron alrededor de la mesa!

También tengo otro tipo de recuerdos... Cuando tenía 28 años, mi madre falleció de forma inesperada. Fue un golpe duro, difícil de asimilar hasta hoy. El día de su entierro, mi padre, junto con mis hermanos y hermanas, salimos de ese lugar y nos reunimos a comer. Nadie tenía hambre. La comida estaba en la mesa, pero no tenía sabor para ninguno de nosotros. No teníamos ánimo. Y allí, alrededor de la mesa, mi papá (que siempre ha sido muy callado respecto de sus sentimientos) abrió su corazón, y en poquísimas palabras nos dijo lo difícil que sería vivir sin ella. Mamá servía la mesa siempre.

La mesa puede ser el pretexto para abrir el alma, para compartir las tristezas, los anhelos, las culpas, los sueños. En la mesa se reconocen los errores, se pide perdón y se perdona. La mesa nos recuerda que hay cosas pendientes por trabajar, y que podemos lograrlas juntos.

En la última cena de Jesús con sus discípulos, Él quería eso mismo. Un momento íntimo para compartirles cómo se sentía, para hablarles de su temor y su dolor por lo que vendría al día siguiente. Allí, en la mesa, experimentó la traición de uno de ellos, y lo envió para que hiciera lo que en su corazón había planeado. También predijo la venida del Espíritu Santo, y les dejó a sus discípulos instrucciones para el futuro.

Tú, que quieres hacer discípulos, ¡utiliza la mesa! Aquí te dejo algunas ideas de mesas para compartir con ellos:

- **La mesa de amistad.** Una invitación a comer siempre viene bien para pasar juntos un momento relajado, conversar y disfrutar.
- **La mesa de trabajo.** En este tipo de mesa se hacen planes para los futuros pasos del discípulo.

- **La mesa de evaluación.** Esta es la mesa en la que debemos mirar hacia atrás y rendir cuentas.
- **La mesa íntima.** Este es el lugar seguro donde cada uno puede abrir su corazón y mostrarse vulnerable respecto de cómo se siente.

En realidad, tú y yo sabemos que no se necesita un mueble inanimado para que suceda cada una de estas cosas, ¿verdad? Con mueble o sin él, ¡anímate a buscar momentos para tener encuentros especiales con tus discípulos!

CAPÍTULO 7

EL HACEDOR DE DISCÍPULOS Y SU DISCÍPULO

En general, tenemos dudas sobre quién es la persona que debe discipular a alguien más. Y con mucho pesar debo decir que en las últimas décadas he visto a las iglesias volverse incapaces de cumplir la misión de hacer discípulos debido a la falta de entrenamiento. Por eso, la mayoría de los hijos de Dios prefieren dar un paso al costado. Otros, en cambio, intentan hacer la labor, pero al no tener las herramientas precisas no pueden evaluar si son adecuadas para la labor o si lo están haciendo bien. En consecuencia, sienten que fracasan y se rinden.

Es por eso que deseo ayudarte a entender mejor la labor que debes cumplir y prepararte de antemano para ello. A continuación te comparto algunos conceptos clave sobre este tema...

¿Quién es el hacedor de discípulos?

Es un facilitador de procesos

El discipulador no es el dueño del conocimiento, sino alguien que presenta propuestas. No le dice a sus discípulos en qué creer, sino que les enseña a pensar y a encontrar las respuestas a sus preguntas en la Palabra de Dios.

Es alguien que preside

Es un inspirador que influye y motiva a sus discípulos a dar pasos de crecimiento. Asume el rol de estar al frente en el proyecto de Jesús, y le pone todas las ganas e iniciativa. El discipulador preside reuniones, conversaciones y encuentros cara a cara.

El discipulador no fuerza las cosas, pero las impulsa.

Es un mentor

Es un compañero que está allí para escuchar y aconsejar. El discipulador no fuerza las cosas, pero las impulsa. Prepara temas interactivos para fomentar el aprendizaje, y ayuda al discípulo a evaluar su vida, sus necesidades y sus pasos.

Es un guía

El hacedor de discípulos es alguien que ya ha recorrido una porción del camino y es capaz de mostrar ese camino a otro, no para facilitarle la vida, sino para que encuentre el suyo propio y atraviese sus propios procesos, pero siempre basado en las verdades del evangelio.

Es un explorador de la cultura

Sabe lo que está sucediendo en la sociedad. Está al tanto de las corrientes que dominan el pensamiento popular y busca las mejores respuestas para satisfacer las dudas de sus discípulos. Por supuesto, no tendrá todas las respuestas, pero puede ofrecer al menos los lineamientos básicos para que el discípulo sepa como navegar en las agitadas aguas de la cultura.

Es un estratega

El discipulador debe buscar buenas estrategias para cumplir con su labor, entendiendo que cada discípulo es distinto de los demás, y que necesita ser formado teniendo en cuenta sus características personales y sus circunstancias de vida. ¡Para cada discípulo hay una estrategia diferente!

Sigue siendo un discípulo

Por más tiempo que transcurra, un discípulo nunca deja de serlo. Por lo tanto, el discipulador también es un discípulo. Debe rendirle cuentas a alguien, y debe buscar sus propios caminos de crecimiento espiritual. ¡Es un discípulo que hace discípulos!

De hecho, mientras el discipulador se mantenga aprendiendo, su discípulo también lo hará. Por el contrario, si el discipulador deja de aprender, también dejará de poder enseñar.

"Puedes sentirte bastante inadecuado para ser tal persona, pero ¿crees que puedas comenzar diciéndole al Señor que eres uno de los que está dispuesto a 'ir' por medio de Su poder?".

Stephen Smallman – Caminando con Jesús

¿Quién es el discípulo?

Es un hijo de Dios

Es alguien que ha entendido que Dios es su Padre, a quien le debe amor incondicional, y de quien recibe la instrucción divina para una vida abundante. Además, si es hijo de Dios, entiende que es parte de la familia de Dios, es decir, de la Iglesia. No importa en qué lugar se encuentre, ni si es un fiel asistente a las reuniones o se resiste a hacerlo. Conforme vaya creciendo, entenderá que no se puede ser parte de la familia de Dios y vivir aislado del resto de ella.

Es un creyente

Es alguien que cree en Jesús y ha decidido seguirle. Esto involucra su fe. Probablemente, en un principio tendrá sus propias ideas acerca de quién es Jesús, pero un discípulo debe estar dispuesto a aprender, y a conocer cada vez más profundamente a Aquel a quien llama su Señor.

Muchas veces, lo que una persona creía conocer en un principio termina cambiando cuando profundiza en su relación con Dios.

Es un aprendiz

Es alguien que decide ponerse bajo la tutela de otro para poder aprender el "oficio" de ser un discípulo de Jesús, más allá de que haya conocido al Señor hace poco y no sepa nada sobre Él o esté en la iglesia desde hace tiempo y haya aprendido muchas cosas. Un discípulo no se mide por cuánto sabe, sino por sus pasos de crecimiento espiritual hacia la madurez en Jesús.

Es la sal de la Tierra

Un discípulo entiende que está llamado a ser sal (Mateo 5:13). En los tiempos bíblicos, la sal se usaba para que los alimentos no se dañaran. Asímismo, nosotros estamos llamados a producir algo en el mundo para evitar que se corrompa y se pudra. ¡Somos agentes de preservación para un mundo en descomposición!

Es la luz del mundo

Cada discípulo está llamado a ser luz para un mundo que vive en tinieblas. Tenemos a Jesús, que es la luz eterna que nos alumbra, y esta luz que tenemos nos convierte también en luz. Esta luz no se puede esconder (Mateo 5:14). Al contrario, debe iluminar en medio de la oscuridad.

Es un pámpano

Jesús dijo de sí mismo que Él era la vid, y les dijo a sus discípulos que ellos eran los pámpanos, es decir, las ramas, que deben estar unidas a la planta. ¡Un discípulo sabe que debe permanecer unido a Jesús cada día de su vida! De Él proviene la salvación, el perdón, la misericordia y la gracia.

Es un espejo

La labor de un discípulo es reflejar a Jesús. Esta idea de ser como un espejo implica que debemos parecernos cada vez más a Jesús. Avanzar en ese camino es avanzar hacia la madurez, tanto de carácter como de convicciones. Jesús es el modelo, y la gente a nuestro alrededor debe identificar en nosotros el anhelo de vivir como **Él** lo hizo.

"Un discípulo es aquel que está dedicado a aprender los caminos de un maestro o señor, y seguir su ejemplo".

Stephen Smallman – *Caminando con Jesús*

CAPÍTULO 8

ROLES
DEL DISCIPULADOR

Por empezar, debemos tener claro que cuando hablamos de "el discipulador" no nos estamos refiriendo al líder de un grupo pequeño, o a la persona que está al frente de una academia, o al maestro de un curso o clase de Biblia. En una congregación que ha adquirido una cultura de discipulado bíblico, *todos* los hijos de Dios entienden que deben cumplir con el llamado a discipular. Algunos serán líderes y maestros, otros serán padres que discipulan a sus hijos, otros serán jóvenes que deciden tomar a cargo grupos de adolescentes, y también estarán los que, sin necesidad de un título o una función designada, deciden tener uno o varios discípulos a quienes acompañar en su camino de crecimiento personal, formando el carácter de Cristo en ellos. Desde esta perspectiva, *todos* en la iglesia pueden y deben ser discipuladores, y por eso es necesario que *todos* se preparen para ello.

> **Todos en la iglesia pueden y deben ser discipuladores, y por eso es necesario que *todos* se preparen para ello.**

Si tú eres uno de esos que ha puesto su mano sobre el arado y estás asumiendo el reto de discipular a alguien, entonces de seguro te resultará útil aprender algo acerca de los roles que el discipulador puede llegar a cumplir. Vas a notar que todos los roles tienen que ver con una *relación* entre el discipulador y su discípulo. Después de todo, el discipulado es un proceso relacional más que una actividad académica. La relación es la clave.

A veces, el discipulador puede ser como un padre espiritual; otras veces, como un hermano mayor, o un amigo, o un mentor. A veces incluso pueden mezclarse los roles, y cumplir más de uno al mismo tiempo.

El rol de padre espiritual

En el Nuevo Testamento encontramos varios pasajes que hablan de una "paternidad espiritual", como por ejemplo:

> *"Hijitos míos, les digo esto para que no pequen; pero si alguno peca, tenemos un abogado ante el Padre: a Jesucristo el justo".*

1 Juan 2:1

Juan era muy afectivo en su forma de hablar, pero el término que usó aquí no tiene que ver con un gesto afable del apóstol. Él llamaba a sus discípulos "hijitos" porque sabía que estaba cumpliendo el rol de padre espiritual. Pero, de hecho, no fue el único que lo hizo. Pablo también hizo referencia a algo similar cuando mencionó el dolor que sentía al ver a sus hijos espirituales atravesar las vicisitudes diarias:

> *"Hijitos míos, ¡de nuevo sufro dolores de parto hasta que Cristo se forme en ustedes!".*

Gálatas 4:19

Esta idea no fue algo que se les ocurrió así, de sopetón. La aprendieron. En la cultura hebrea era común que un *rabí* o maestro recibiera a un estudiante o discípulo como un hijo más en su casa. Vemos esto en la historia de Pablo, que manifiesta haber crecido a los pies de Gamaliel (Hechos 22:3), y también mucho antes, en la vida del profeta Samuel, que fue dejado en casa del sacerdote Elí (1 Samuel 1:23-28).

Jesús también se refirió a sus discípulos como hijos:

"Mis queridos hijos, ya me queda poco tiempo con ustedes,
y lo que les dije a los judíos ahora se los digo a ustedes.
Me buscarán, pero a donde yo voy, ustedes no pueden ir".

Juan 13:33

Jesús usó en este pasaje el término griego *teknión*, que significa "hijito", y que tiene que ver con una descendencia.

Un padre espiritual es alguien que ve a sus discípulos como hijos. Les ayuda a dar sus primeros pasos en la fe, y a continuar creciendo después. Para ello busca en cada etapa el mejor alimento para sus discípulos. Los incentiva a mejorar cada día, a seguir las enseñanzas de Jesús, y a encontrar un propósito de vida. Así los va preparando para su vida como adultos maduros en el Reino.

La relación entre un padre espiritual y sus hijos, sus discípulos, puede a veces traer dolor o frustración, porque la relación es muy cercana, afectiva e íntima. Pero trae una gran satisfacción cuando ellos producen el fruto esperado.

Se nos ha otorgado la facultad para ejercer este rol gracias a que Dios es Padre, y quiere que nos parezcamos cada vez más a Él. Por supuesto, la paternidad puede ser también maternidad. Tanto mi esposa como yo hemos aprendido a manejar esa relación de padres y madres espirituales con aquellos que el Señor nos ha entregado.

Advertencia: un padre espiritual no se enseñorea de sus hijos, sino que los cuida con amor paternal, los guía respetando sus decisiones, y asume la responsabilidad de ser paciente con ellos, sin ponerles cargas imposibles de llevar.

El rol de hermano mayor

En algunas ocasiones o etapas, la relación entre discipulador y discípulo puede ser como la de hermanos. Hay uno que es mayor, más crecido, más maduro, y otro que está en proceso de aprendizaje y crecimiento. No es que el primero ya no tenga nada que aprender, pero ha adquirido lo suficiente como para poder entregarlo a su hermano menor que viene detrás.

"A quienes Dios conoció de antemano, los destinó desde un principio para que sean como su Hijo, para que él sea el mayor entre muchos hermanos".

Romanos 8:29

Aquí vemos que uno de los roles que Jesús cumplió fue el de hermano mayor. El primero, el primogénito, el que marca el camino, el que abre la senda. En cualquier familia el hermano mayor suele cumplir un rol especial, no porque sea mejor, sino porque es el primero en experimentar "ser hijo" dentro de esa familia. Los hermanos que vienen detrás usualmente aprenden de aquel que va primero porque, aun sin ser perfecto, tiene mucho para enseñar.

Este tipo de discipulado es una relación a través de la cual ambos hermanos se edifican. El mayor aprende a dirigir, a guiar, a enseñar, y el otro aprende a seguir, a obedecer, y también a evaluar lo que su hermano mayor ha logrado, así como sus errores, sus defectos, sus éxitos y sus fracasos. Ambos se observan y aprenden el uno del otro.

Advertencia: un hermano mayor debe refrenar su orgullo para no sentirse mejor que el otro. Por el contrario, debe manifestar una actitud servicial, de apoyo y soporte para que su hermano menor crezca.

El rol de amigo

¿Puede un discipulador ser amigo de su discípulo?

¡Claro que sí!

En Juan 15:15 vemos a Jesús planteándoles a sus discípulos esta nueva posición. Todo el tiempo que había pasado con ellos había hecho madurar su relación. Entonces les dijo que ya no les llamaría siervos sino amigos. Luego de haber compartido tantas cosas juntos, de haber reído, llorado, planeado y soñado juntos, ahora la relación había llegado al nivel de profundidad que tiene la amistad.

Con el proceso de discipulado ocurre algo similar. Al ser una relación que se va profundizando con el tiempo, es posible llegar al nivel de la amistad. Cuando logramos ser sinceros, vulnerables, sin máscaras, la relación entre discipulador y discípulo avanza hasta el punto de ser buenos amigos que caminan juntos en este proceso de crecimiento continuo que es la vida cristiana.

Advertencia: en el discipulado, un buen amigo no juzga (porque sabe que él tampoco es perfecto), pero no calla lo que sabe que tiene que decir, no aparenta frente a su amigo, ni esconde lo que realmente piensa.

El rol de mentor

Cuando el discipulador es un mentor, funciona como un instructor que ayuda a su discípulo a crecer. Desde afuera, el mentor puede observar en la vida de su discípulo actitudes, defectos o cosas que no van conforme al carácter de Jesús, y motivarlo a cambiar. Para hacerlo, le proporcionará salidas, métodos, materiales de estudio y todo lo que esté a su alcance para que su discípulo pueda dar pasos de crecimiento.

Jesús también cumplió el rol de mentor con sus discípulos, ya que les dio instrucciones de qué hacer y qué no hacer; se tomó el tiempo de explicar en profundidad sus enseñanzas, los corrigió cuando hicieron algo indebido, y puso delante de ellos los principios de la Palabra de Dios para guiarlos en cada momento o circunstancia. Finalmente, los envió de dos en dos para que hicieran lo que Él ya les había mostrado antes.

En el discipulado, un mentor es más que un maestro. Es un instructor cercano. No es un supervisor de actividades, sino un presentador de propuestas y estrategias para lograr que su discípulo avance hacia nuevos niveles de conocimiento de Dios.

Advertencia: un buen mentor no se limita a dar consejos. Se preocupa genuinamente por su discípulo y lo acompaña tanto en sus mejores como en sus peores momentos.

CAPÍTULO 9

CUALIDADES DEL DISCIPULADOR

Como ya vimos antes, todos estamos llamados a cumplir la misión de hacer discípulos, y eso nos obliga a prepararnos. No importa si has caminado mucho o poco tiempo en el Señor, o si sientes que no sabes lo suficiente de la Biblia. Irás aprendiendo en el camino, y todo lo que aprendas y vivas será algo que podrás usar para formar el carácter de Jesús en la vida de quienes estés discipulando.

John Stott, en su libro *El discípulo radical*, nos habla de la manera en que usualmente *evitamos* ser esa clase de discípulo. ¿Cómo lo hacemos? Siendo selectivos, es decir, eligiendo aquellas áreas en las que nos va bien, y eludiendo aquellas otras en las que no somos tan buenos.

En este libro, Stott habla de ocho características del discipulado que se suelen descuidar: la no conformidad con el mundo, el ser semejantes a Cristo, la madurez, el cuidado de la creación, la sencillez, el equilibrio, la dependencia, y la muerte como representación dramática de la autonegación (la cual el teólogo Dietrich Bonhoeffer explicó en su libro "El costo del discipulado").

Y si esa es la medida que un discípulo debe alcanzar, ¡imagina la responsabilidad del discipulador! Es por este motivo que quiero dedicar las siguientes páginas a analizar algunas cualidades importantes que el discipulador debe desarrollar en su vida para cumplir mejor su labor...

Ser humilde

Si la meta del discipulado es desarrollar las virtudes del carácter de Jesús en nuestros discípulos, lo lógico es que nosotros también trabajemos en eso.

Esta es una virtud del carácter. Si la meta del discipulado es desarrollar las virtudes del carácter de Jesús en nuestros discípulos, lo lógico es que nosotros también trabajemos en eso. No podemos llevar a nadie a un lugar al que no hemos ido. Claro que podemos enseñar los conceptos sin practicarlos, pero tarde o temprano saldrá a la luz esa debilidad que, al exponerse, nos hace perder la influencia que teníamos sobre nuestros discípulos.

¿Eso quiere decir que para discipular debemos ser perfectos en todo? No, para nada. Seguimos en el camino del crecimiento. Pero debemos ser sinceros con aquellos que ministramos. No necesitas mostrarte perfecto, porque nadie lo es. Al contrario, la humildad nos hace reconocer nuestra necesidad de Jesús y de seguir su ejemplo.

Ser sincero en cuanto a tus luchas es una buena manera de desarrollar humildad. La soberbia, el creernos más que los demás, es uno de esos venenos de los que debemos cuidarnos. La altivez es otro. Debemos evitar mirar a los otros como si fueran inferiores, inexpertos o inútiles, que son las ideas que suelen germinar en un corazón altivo.

Para desarrollar la humildad debemos:

- Reconocer nuestros errores.
- Evitar juzgar a los demás.
- No buscar reconocimiento público por lo que hacemos.
- Apreciar y afirmar constantemente a los demás.
- Tener cuidado con los aduladores no sinceros.
- No ser ostentosos de lo que tenemos o hemos alcanzado.
- Aceptar el consejo de otros.
- Ser agradecidos con los demás y con Dios en todo.

Ser autocrítico

Otra cualidad importante para un discipulador es la autocrítica. Entendamos esto como la capacidad de mirar dentro de nosotros mismos y evaluarnos.

Seamos sinceros: es fácil criticar a los demás. Aun sin la intención de herir o menospreciar, a veces, por querer ayudar a los demás, ponemos el ojo en sus defectos o en las cosas que deberían mejorar... Pero si no miramos primero nuestras propias actitudes y defectos, estamos en una posición sin autoridad para hablar del tema.

Te lo explico con un ejemplo:

Piensa que quieres trabajar en tu discípulo la honestidad. Para esto, sabes que debes formar en esa persona la capacidad de decir la verdad siempre, aun si decirla trae consecuencias que preferirías evitar. El concepto se puede enseñar fácilmente, pero lo que tu discípulo verá es tu ejemplo. Si tú eres una persona cuya debilidad es mentir para quitarse un problema de encima, entonces él lo verá. No podrás esconderlo por mucho tiempo. En algún momento se hará evidente, y quedarás como un mentiroso e hipócrita. Por otro lado, si le confiesas que es algo también difícil para ti, y haces un acuerdo mutuo con tu discípulo para trabajar juntos esa área, esta resultará ser una mejor estrategia. Así, ambos podrán rendirse cuentas el uno al otro y podrán celebrar juntos cada ocasión de éxito.

Para desarrollar la autocrítica debemos:

- Evaluarnos a nosotros mismos constantemente.
- Pedirles a nuestros discípulos que nos digan lo que ven que debemos trabajar (eso es también una muestra de humildad).
- Rendirle cuentas siempre a alguien (recuerda que aunque tú estás discipulando a otros, también eres un discípulo en proceso, y debes tener alguien a quien rendirle cuentas).
- Evitar juzgar a los demás, pero aprender a juzgarnos a nosotros mismos.

Tener paciencia

Las cosas no suceden de la noche a la mañana. Uno quisiera que luego de haber enseñado algo a alguien, esa persona pudiera asimilarlo de inmediato, y al día siguiente verlo practicar con toda naturalidad los principios que aprendió. Pero no sucede así. Al menos no la mayoría de las veces. Usualmente debemos esperar un tiempo, ayudarlo a practicar los principios aprendidos, y recordárselos periódicamente... Y aun así, puede ser que nunca ocurra el cambio que esperamos.

El Señor es paciente con nosotros, y aunque seguimos cayendo y errando, Él nunca nos ha dejado. Entonces nosotros, que queremos parecernos a Él, con más razón debemos ser pacientes.

El discipulador debe hacer su parte, y el Espíritu de Dios hablará también, pero el discípulo debe tomar decisiones, y eso en última instancia no depende del discipulador ni de Dios. Depende del discípulo.

Para desarrollar la paciencia debemos:

- No esperar resultados inmediatos.
- Considerar que todos crecemos y maduramos a ritmos diferentes.
- Comprender que no todo depende de nosotros.
- Evitar las expectativas demasiado grandes e irreales.
- Tener cuidado de no reaccionar jamás por frustración o impotencia.
- Aprender a lidiar con las metas no conseguidas.

Ser un buscador

Un discipulador es un buscador. No es alguien estático que se conforma con lo que ya tiene. Siempre está en busca del siguiente paso. Es consciente de dónde está hoy, y anhela un mejor mañana. Por eso busca la manera de llegar allí.

Es un buscador de la presencia de Dios, porque sin la compañía y el consejo del Espíritu de Dios, la tarea de discipular carecería de sentido.

Un discipulador conoce a Dios desde la intimidad, y vive conectado con el Padre porque lo busca, y sabemos que el Padre se deja encontrar.

Es un buscador de la Escritura, pues no enseñará nada que no esté allí. Sin el conocimiento de la Palabra de Dios, solo tendría argumentos humanos, y eso puede ser una gran limitante para el discipulado.

Es un buscador de estrategias, de nuevas formas de hacer las cosas, de nuevos temas, libros, manuales, canciones y todo lo que pueda ayudar al crecimiento en su propia vida y en la de sus discípulos.

Para desarrollar la cualidad de ser buscadores debemos:

- No conformarnos con lo ya conocido.
- Aprender la dinámica de "prueba y error", y quedarnos con lo que funcione.
- Desarrollar hábitos de búsqueda de Dios, de su presencia y de su Palabra.
- Encontrar espacios para buscar a Dios junto con nuestros discípulos.

CAPÍTULO 10

EL CUERPO DE CRISTO Y LA COLUMNA VERTEBRAL

Para abordar este tema debemos empezar definiendo algunas características del evangelio que predicamos.

"El evangelio es el gran nivelador. Todos estábamos perdidos, todos éramos huérfanos, y todos éramos incapaces de rescatarnos a nosotros mismos".

Sergio Valerga – *La iglesia relacional*

El evangelio contiene la solución para todos los problemas de la humanidad, y es un mensaje que vino de su propio Creador. Claro está que la humanidad entera necesita enterarse de esas buenas noticias, y eso es algo que concierne a todo ser humano en todo lugar y en todas las generaciones a través del tiempo.

Si el evangelio es:

- **intergeneracional**, porque une a las diferentes generaciones de una misma familia,
- **pluricultural**, porque no se limita a una cultura, nación o lugar en el mundo,
- **multiétnico**, porque abraza a todas las etnias y razas,
- **multilingüe**, porque alcanza a toda lengua, idioma y dialecto de todos los tiempos

...entonces el discipulado debe adquirir también esas mismas condiciones. Porque todos somos diferentes, aunque tenemos una misma identidad. Porque ya no somos judíos ni griegos, sino ciudadanos del reino de los cielos.

Desde esta perspectiva, una de las alegorías que la Escritura nos presenta respecto de la Iglesia es la figura del cuerpo humano. Un cuerpo que incluye todas las naciones, lenguas, etnias, culturas y generaciones.

> *"El cuerpo tiene muchos miembros, no uno solo. Si el pie dice: «No soy miembro del cuerpo porque no soy mano», ¿dejará por eso de ser miembro del cuerpo? Y si la oreja dice: «No soy miembro del cuerpo porque no soy ojo», ¿dejará por eso de pertenecer al cuerpo? Supongamos que el cuerpo entero fuera ojo, ¿cómo oiría? Y si el cuerpo entero fuera una oreja, ¿cómo podría oler? Pero Dios colocó los miembros en el cuerpo como mejor le pareció. ¡Qué extraño sería que el cuerpo tuviera un solo miembro! Pero Dios lo hizo con miembros diversos que, en conjunto, forman un cuerpo. El ojo jamás podrá decirle a la mano: «No te necesito». Ni la cabeza puede decirle a los pies: «No los necesito»".*

1 Corintios 12:14-21

La Biblia nos deja claro que la Iglesia es un cuerpo conformado por muchos miembros, y que no importa si soy ojo o dedo; igual pertenezco al cuerpo de Cristo que es la Iglesia. Y si la Iglesia es el cuerpo de Cristo es porque Él es la cabeza.

> *"Él es la cabeza de ese cuerpo suyo que es la iglesia. Él, que es el principio, fue el primero en resucitar, para ser en todo siempre el primero".*

Colosenses 1:18

Muy bien. Jesús es la cabeza, y la Iglesia es su cuerpo compuesto por muchísimos miembros que confluyen en una sola unidad. La metáfora es precisa y perfecta. Pero... ¿dónde queda el discipulado en esta imagen?

El discipulado es la misión que nace de la cabeza, que es Jesús. Y lo que nace de la cabeza es la columna vertebral, y es la columna vertebral la que sostiene todo el cuerpo. Nace de la cabeza y está sujeta a ella, pero a la vez es como un pilar que sostiene con firmeza a todo el cuerpo.

Por eso, digo yo (la Biblia no dice esto, pero a mí me encanta completar metáforas) que el discipulado es la columna vertebral de la Iglesia. Es lo que sostiene al cuerpo. Sin la columna, el cuerpo se desparramaría por cualquier lado, y las extremidades no podrían asir sus huesos a ninguna otra parte.

La cabeza es Cristo.

La Iglesia es el cuerpo de Cristo.

Y el discipulado es la columna vertebral de la Iglesia.

Lamentablemente, todos sabemos que cuando la columna vertebral se lesiona, incapacita al cuerpo, impidiéndole moverse con libertad (y en los casos más graves, se pierde la movilidad de las extremidades). De manera similar, si como Iglesia olvidamos el discipulado, nos movemos con dificultad, o directamente dejamos de movernos.

No podemos desconectar la columna de la cabeza, o del resto del cuerpo. De la misma manera, no podemos desconectar la misión que es hacer discípulos de la cabeza que es Jesús, ni de la Iglesia.

Cuando ponemos otros propósitos como más importantes, o le restamos importancia al discipulado, lo que provocamos es:

- Un desenfoque del propósito misional
- Que se valoren otras actividades más que el discipulado

A continuación hablaremos un poco más sobre esto...

Propósito misional

Hablando del propósito misional, quiero dejar algo en claro: tal como vimos al iniciar este material, la misión es una sola y es ineludible. Quiero hacer énfasis en esto porque tengo la impresión de que en algunos lugares se desglosa la misión que Jesús nos dejó en diferentes propósitos, y uno de esos es el discipulado. ¡Qué error tan grave!

La misión es hacer discípulos de Jesús, y debajo de esa misión están todos los demás propósitos, actividades y estrategias creativas que se nos ocurran para poder cumplirla.

Vamos a corregir, entonces, algunos "errores misionales":

- Error 1: "La Iglesia se creó para edificar el cuerpo de Cristo".
  Corrección: La Iglesia es el cuerpo de Cristo y se creó para hacer discípulos.
- Error 2: "Nuestro propósito es alabar y adorar a Dios".
  Corrección: Alabamos a Dios porque eso es lo que hacen los discípulos, y como parte de nuestro propósito, que es hacer más discípulos.
- Error 3: "El propósito de la Iglesia es predicar el evangelio".
  Corrección: Predicamos el evangelio para hacer discípulos de Jesús.
- Error 4: "La obligación de la Iglesia es velar por los huérfanos y viudas, y ayudar a los más necesitados".
  Corrección: Visitamos y ayudamos a las viudas, huérfanos y necesitados, porque eso es lo que hace un discípulo de Jesús.

El propósito de cada actividad siempre debe estar ligado a la misión, y la misión es una sola: hacer discípulos.

¿Lo ves? El discipulado es lo primero. El propósito de cada actividad siempre debe estar ligado a la misión, y la misión es una sola: hacer discípulos.

Actividades y ministerios

Dios nos hizo creativos, y esa creatividad se expresa en las actividades que planeamos. De manera que actividades puede haber muchas, pero todas deben apuntar al propósito que es el discipulado.

De hecho, hay diversos criterios sobre los ministerios. Algunos dicen que solo son cinco, otros dicen que son más, y otros los clasifican de distintas maneras para poder enseñarlo de forma didáctica. Todo eso está bien, y podemos acoplarnos a la explicación que mejor nos parezca. Sin embargo, todo debe apuntar al discipulado.

Las áreas de servicio son muchísimas, de acuerdo a cada modelo de iglesia. Y hay ministerios como el de alabanza y adoración, ayuda social, anfitriones o recepción, multimedia, ministerio deportivo, etc. Pero ninguno de esos espacios debe reemplazar al llamado que todos tenemos a cumplir la misión que Jesús nos encomendó.

Es cierto que los que sirven colaboran en un área de "soporte" de la congregación para facilitar el discipulado, y eso está muy bien. Sin embargo, la propuesta de este material es que podamos formar una cultura de discipulado en cada creyente.

Voy a decirlo de una manera más directa. El ministerio de discipulado no existe. Pensar que el discipulado se limita a una academia bíblica o a una serie de cursos es diluir la misión de Jesús para encuadrarla en los procesos de enseñanza bíblica. La enseñanza de la Biblia es un elemento clave dentro del discipulado, pero no es el todo del discipulado.

La misión es hacer discípulos, y todos estamos llamados a cumplirla. No existe ninguna justificación para que un creyente piense que no necesita cumplir ese llamado, aun si está sirviendo en diferentes áreas de la congregación.

Es tiempo de cambiar los términos de la cultura eclesial en la que nos movemos, y guiar a cada creyente a ser un discípulo que hace discípulos.

¡Es urgente volver a la misión!

SECCIÓN 2

PROCESOS PARA ACOMPAÑAR A TUS DISCÍPULOS

CAPÍTULO 11

ARREPENTIMIENTO GENUINO

Cuando una persona ha decidido seguir a Jesús y convertirse en discípulo suyo, lo primero que debe suceder es la restauración de su relación con Dios a través de la experiencia de un nuevo nacimiento. Todos los seres humanos nacemos en un mundo roto que necesita ser restaurado, y todos experimentamos la ruptura de nuestra relación con el Padre. Para que esa relación pueda ser restaurada, el ser humano debe arrepentirse.

¿Y qué significa arrepentirse?

En la Biblia, el concepto de arrepentimiento viene de dos vocablos:

- *Metanoia*. Vocablo griego que significa "cambio de mentalidad". Una transición en la forma de pensar que produce un anhelo de volver a Dios y a su diseño.
- *Teshuvá*. Vocablo hebreo que significa "retorno". Caer en la cuenta de un error cometido por falta de enfoque, y de la necesidad de volver al Padre.

Es decir que arrepentirnos implica reconocer nuestra lejanía de Dios para empezar un proceso de lavado del alma, de purificación del corazón, porque anhelamos volver a estar cerca del Padre. Esto también tiene mucho que ver con el concepto de haber estado perdidos y luego ser encontrados. ¡Y es que así fue! Estábamos perdidos sin Jesús, y haber entendido que Él entregó su vida por nosotros es una verdad liberadora. El filósofo francés Blaise Pascal lo dijo de esta manera: *"En el corazón de todo hombre hay un vacío en forma de Dios que no puede ser llenado por ninguna cosa creada, sino solo por Dios, el creador".*

Yo lo veo así: darme cuenta de mi vacío y anhelar llenarlo con Dios implica un cambio de mentalidad. Es decir, antes pude haber creído o no en Dios, pero *decidir* poner mi fe en Él y pedirle voluntariamente que llene mi vida y dirija mis pasos ya es un acto de *metanoia*. Y es también una *teshuvá*, un retorno; es volver a disfrutar de esa relación con el Padre que se había roto. Antes yo dirigía mis pasos bajo mis propias ideas y convicciones. Ahora, el arrepentimiento me hace reconocer que mis decisiones me llevan cada vez más lejos de Dios, y que necesito volver sobre mis pasos. ¡Esto implica un cambio completo de dirección!

El escritor y apologeta C. S. Lewis, en su libro *Mero cristianismo*, aborda el proceso en que Cristo nos hace nuevas personas, no tanto como un mejoramiento de nuestras actitudes y comportamientos, sino más bien como una transformación completa, ¡como si un caballo fuera convertido en una criatura alada! Se trata de un cambio drástico de la dirección en la que la persona estaba caminando, ya que tomar el camino de Jesús es muy diferente a seguir los caminos del mundo.

Una buena idea para acompañar a tus discípulos durante esta etapa es emplear tres hermosas parábolas que encontramos en el capítulo 15 del Evangelio de Lucas:

- **La parábola de la oveja perdida.** La oveja representa a cada uno de nosotros. Nos perdemos por andar buscando cosas que están fuera de la voluntad de Dios. En este caso, el pastor, que es Dios y posee cien ovejas, deja las otras noventa y nueve para ir en busca de la que se había perdido, y cuando la encuentra, ¡está tan feliz que hace una fiesta con sus amigos!

- **La parábola de la moneda perdida.** La moneda representa a las personas que sienten que el mundo no los valora, pero que, al ser encontrados por su dueño, que es el Señor, comprenden cuán incalculable es el valor que tienen para Él.
- **La parábola del hijo pródigo.** El hijo pródigo representa a aquellos que, siendo hijos de Dios, deciden alejarse de Él y despilfarrar la herencia que han recibido. Luego, al darse cuenta del grave error cometido, deciden volver y pedir misericordia. No la merecen, ¡pero el Padre siempre los recibe con los brazos abiertos!

El Padre siempre está buscando a sus hijos, sobre todo a los que están más lejos.

Estas tres parábolas nos hacen entender que el Padre siempre está buscando a sus hijos, sobre todo a los que están más lejos. El Padre nos anhela, quiere volver a abrazarnos, desea ser escuchado nuevamente. Él no descansa en su búsqueda. Y cuando nos halla, cuando decidimos escucharle y volver a Él, ¡hay una verdadera fiesta en el cielo porque nos hemos arrepentido!

Las tres parábolas hablan también del arrepentimiento. La oveja se arrepiente cuando se ve sola y herida, y su clamor representa el pedido de perdón al Padre. La moneda no es consciente de su valor hasta que se ve en la presencia de Dios, quien la valora de verdad. El pródigo se arrepiente cuando se encuentra en el peor momento de su vida, habiendo malgastado lo que había recibido del Padre, y entonces decide volver a casa.

"Me he apartado como oveja extraviada; ven y encuéntrame, porque no me he olvidado de tus mandamientos".

Salmos 119:176

Storytelling

Parte del proceso de discipulado tiene que ver con testificar, es decir, con mostrar –a través de ejemplos que el discipulador haya vivenciado– la riqueza de los principios que está formando en el discípulo. De otra forma, el discipulado se ve reducido al aprendizaje de la doctrina bíblica o de historias que, desde el punto de vista de quien está siendo discipulado, pueden carecer de sentido, pues no alcanza a identificarse con lo que escucha. Ahí es donde entra en escena el testimonio personal del discipulador.

Para mostrarte cómo funciona esto, déjame contarte algo de mi testimonio sobre este tema.

Crecí en un hogar católico. Tanto en la escuela como en el colegio crecí aprendiendo sobre la Biblia. Más adelante, empecé a asistir a una iglesia para intentar arreglar mi matrimonio (contaba con apenas 22 años de edad). Yo era un joven arrogante que pensaba que lo sabía todo. Llegué a una reunión de hogar, y justamente hablaron de la parábola del hijo pródigo. En mi mente estaba la historia que había aprendido de niño, pero jamás había entendido su interpretación. Sabía acerca del joven que se fue de la casa pidiendo la herencia a su padre, y todo lo demás. Lo que nunca había entendido era que ese padre representaba al Padre Eterno, y que yo era ese hijo insolente que había desperdiciado mi vida en diversiones y vicios, y que en ese mismo momento estaba comiendo basura junto a los cerdos. ¡Ese joven era yo! Por eso sé que todo lo referente al arrepentimiento y al perdón, en el fondo, tiene que ver con estar perdido y ser encontrado.

¿Puedes tú contarles a tus discípulos una experiencia personal de arrepentimiento y perdón?

Recuerda: tu meta como discipulador es lograr que tus discípulos no solo aprendan las historias bíblicas, sino que se identifiquen y se vean reflejados en ellas. Que entiendan cuál es su condición, y que pidan perdón a Dios y tomen la decisión de cambiar.

Un buen proceso de *metanoia* o *teshuvá* podría ser así:

1. Me arrepiento (reconozco mi error y las consecuencias de este).
2. Me detengo (freno mis acciones equivocadas y no sigo más por el camino por el que estaba yendo).
3. Pido perdón (pongo en palabras mi sentir delante de Dios).
4) Me comprometo (hago un pacto con Dios de no volver por ese camino. Vuelvo mis ojos a Dios y decido tomar su camino y ser un discípulo de Jesús).

Cuando una persona ya ha estado en los caminos de Dios y se ha alejado, debe volver a arrepentirse. Por eso entendemos que el arrepentimiento no es un acto solitario que sucede una única vez, sino que es un principio de vida al que debemos recurrir cuando vemos que nos hemos desviado del camino que el Padre ha trazado para nosotros.

Posibles preguntas de los discípulos

Probablemente tengas que volver una y otra vez sobre los conceptos que estamos trabajando hasta que sean sembrados y echen raíces en el corazón de tus discípulos.

Además, como parte del proceso de discipulado, de seguro tus discípulos tendrán muchas preguntas. Como, por ejemplo, estas:

¿Qué es pecado?

Es hacer algo que está fuera de la voluntad de Dios. Dicho de otro modo, es todo aquello que te desvía de tu propósito. La traducción exacta de la palabra pecado es "errar al blanco". Es decir, que pecado no es solamente hacer cosas malas, o éticamente dudosas. También es dejar de hacer cosas buenas, tal como dice Santiago 4:17: *"Todo aquel que sabe hacer el bien y no lo hace, comete pecado"*.

¿Qué sucede cuando se pide perdón a Dios?

¡Tenemos un Padre que perdona! No existe pecado que no pueda ser perdonado una vez que ha sido confesado. Dios Padre es misericordia y gracia. De Él proviene el perdón, siempre que nuestro arrepentimiento sea genuino. Y Él es el único que puede evaluar el estado de nuestro corazón y la sinceridad con la que hacemos el acto de arrepentimiento. Dios nos perdona, y ese perdón restaura nuestra relación con Dios, que se había roto al vivir apartados de Él.

¿Qué pasa si vuelvo a caer o me alejo de nuevo?

La meta del discipulado es que el discípulo entienda que es un discípulo *siempre*. Es cierto que muchos pueden alejarse, pero como buenos discípulos de Jesús, estamos llamados a desarrollar una fidelidad genuina y permanente. Si Dios es fiel con nosotros, lo mínimo que espera de nosotros es que seamos fieles también, a pesar de nuestras debilidades, tentaciones, defectos y circunstancias.

De todas maneras, el discípulo debe recordar que el Padre no echa fuera a nadie.

> *"Todos los que el Padre me da vendrán a mí; y al que viene a mí, no lo rechazo. Yo he venido del cielo a cumplir la voluntad del que me envió y no la mía. Y esta es la voluntad del que me envió: que no pierda a ninguno de los que él me ha dado, sino que los resucite en el día final, porque mi Padre quiere que todo el que reconozca al Hijo y crea en él, tenga vida eterna, y yo lo resucitaré en el día final".*

Juan 6:37-40

Temas sugeridos

Los conceptos doctrinales pueden variar ligeramente dependiendo de la iglesia o denominación a la que pertenezcas. Por ese motivo, no incluiré aquí enseñanzas doctrinales, porque tampoco es la meta de este libro. Sin embargo, te animo a que te tomes tiempo para explorar algunos temas importantes en esta porción del camino. Es posible que para hacerlo necesites ayuda de tus pastores u otros líderes; quizás ya tienen un material desarrollado que se usa en la enseñanza en tu iglesia.

Desde esta perspectiva, te sugiero revisar los siguientes temas:

- El nuevo nacimiento.
- La fe y la gracia.
- La justificación.
- La santificación.

CAPÍTULO 12

GUÍA A TU DISCÍPULO AL BAUTISMO

El Salvador ya estaba en el mundo. Había venido hacía ya treinta años, pero los suyos no sabían que Él ya estaba ahí, salvo unos pocos que habían presenciado su nacimiento. Había decidido mantener un "perfil bajo", aunque algunos teólogos dicen que de seguro ya se había mostrado varias veces en las sinagogas y en el templo, dialogando con los maestros sobre la ley y los profetas.

Juan, aquel que apodaban "el bautista", estaba en las orillas del río Jordán llamando a la gente al arrepentimiento y a volverse a Dios. Juan tenía una cantidad importante de seguidores, y multitudes llegaban para escuchar su mensaje.

En ese escenario de repente apareció Jesús... Cuando Juan lo vio, recibió una revelación del cielo y supo que Él era a quien el pueblo hebreo venía esperando por siglos. ¡Imagina a la gente alrededor! Todos miraban a Juan como un gran profeta, y de hecho algunos pensaban que él mismo era el Mesías tan esperado. Y ahora es Juan quien reconoce por primera vez a Jesús públicamente. En la costumbre hebrea, cuando alguien llegaba a una casa debía sacarse sus sandalias. Pero si un invitado importante llegaba, eran los sirvientes de esa casa quienes debían hacerlo, y si el invitado era aún más importante e ilustre, entonces el mismo dueño de casa se ocupaba de sacarle las sandalias. Es entendible, entonces, que Juan proclamara que ni siquiera era digno de desatarle la correa de su calzado, como leemos en Lucas 3:16: *"...pronto viene uno que es más poderoso que yo..."*, había dicho Juan.

Así es que cuando Jesús llegó ante Juan para que lo bautizara, obviamente Juan se opuso (Mateo 3:13-17). *"¿Cómo va a ser eso? ¡Tú eres el que debería bautizarme a mí!"*, le dijo. Juan estaba convencido que Jesús era el Mesías esperado, y entendía que como tal no necesitaba pasar por ningún ritual de arrepentimiento. Pero Jesús le explicó que era mejor cumplir lo que Dios manda. Era una muestra de sometimiento al Padre, un acto de obediencia. Entonces Juan lo bautizó, y cuando Jesús salía de las aguas los cielos se abrieron (que es una forma de decir que sucedía algo sobrenatural en ese momento), y el Espíritu de Dios descendió sobre Él en forma de paloma y se escuchó una voz desde el cielo que decía: *"Este es mi hijo amado, y en él me complazco"*.

Por eso, una de las experiencias más profundas para identificarse con Jesús es el bautismo. Cuando un discípulo ha decidido poner su fe en Jesús y seguirle, la evidencia pública de esa acción interna es el bautismo.

En algunas iglesias suelen hacer un curso para todos los que quieran dar este paso, y eso está bien. En otros lugares no hacen un curso, sino que se apoyan en la convicción de cada persona como único requisito para ser bautizado. Ambos tienen su respaldo bíblico.

Lo que quiero recordarte aquí es que, ya que estás discipulando a alguien, parte de tu labor es poder guiar a los nuevos discípulos a dar pasos de crecimiento espiritual. Y uno de esos pasos es el bautismo. He visto a muchas personas que permanecen años asistiendo a una iglesia sin bautizarse, y así se pierden de una de las más ricas experiencias en la fe.

Como discipulador, tú debes procurar que tu discípulo entienda la necesidad de dar este paso. No como un requisito más para cumplir en una escalinata de sacramentos, sino como una experiencia poderosa de identificación con Jesús.

La palabra "bautismo" viene del vocablo griego *baptizo*, que quiere decir "sumergir". Y el sumergimiento es un principio más profundo que el solo acto de empapar a alguien debajo del agua. Es una experiencia sobrenatural en donde el Padre nos afirma como hijos.

En el bautismo:

- Nos identificamos con Jesús.
- Somos obedientes al Padre, así como lo hizo Jesús.
- Le contamos al mundo acerca de nuestra fe.
- Experimentamos el lavamiento del alma.
- Somos afirmados como hijos de Dios.

¿Cómo nos identificamos con Jesús?

Bautizarnos nos hace obedientes, así como Jesús fue obediente al Padre.

Bueno, en primer lugar, bautizarnos nos hace obedientes, así como Jesús fue obediente al Padre. El hecho de haberse bautizado sin necesitarlo, tan solo por obediencia, dice mucho respecto de lo que Dios espera de nosotros.

Además, el bautismo tiene una connotación simbólica en relación con la muerte y resurrección de Jesús. El sumergimiento es una forma de "sepultura". Esto nos identifica con la muerte de Jesús y su permanencia en la tumba durante tres días. Luego, el salir del agua nos identifica con su resurrección. Ser bautizados implica "morir" a nosotros mismos, a nuestra vieja naturaleza, a nuestro antiguo yo sin Dios, para que entonces "resucite" una nueva persona redimida por el Padre.

También el agua es un símbolo de limpieza. No es el acto del bautismo propiamente dicho lo que nos limpia (aunque puede suceder), pero sí es un símbolo de esa limpieza que hemos recibido en el Espíritu de parte de Dios.

Storytelling

Recuerda la importancia de contar a tus discípulos tus experiencias personales como parte del proceso de discipulado.

Aquí te cuento una experiencia de mi esposa Lucy.

Ella apenas llevaba un mes asistiendo a una iglesia cristiana. No había asistido a un grupo de hogar, ni a un estudio bíblico, ni tampoco había tenido a alguien que la guiara en su caminar espiritual. Un día llegó el día de bautizos, y el pastor pidió a todos los que se habían preparado para el acto que fueran a cambiarse, y de paso hizo un anuncio: *"Si alguien más quiere dar este paso, aunque no haya estado en el curso, puede hacerlo"*.

Lucy se sintió movida por el Espíritu de Dios para dar este paso, a pesar de que solamente llevaba un mes asistiendo a esa iglesia. Sin embargo, comenzó a luchar en su interior con varios argumentos. Que ya se había bautizado de bebé, que nunca quiso cambiar de religión, que era demasiado pronto, y cosas similares... En ese momento escuchó al pastor decir lo siguiente: *"El bautismo es obedecer a Jesús"*.

En ese momento se puso de pie, se dirigió corriendo al lugar donde todos estaban cambiándose de ropa, y les dijo que ella también quería bautizarse. Y así lo hizo. ¡Se bautizó ese día!

En palabras de ella, *"fue una necesidad urgente de obedecer a Jesús"*. No tenía otra cosa en la mente, aunque luego de unos años manifestó que le hubiera gustado que alguien la guiara para conocer mejor sobre el paso que estaba dando.

Lo positivo de su testimonio es su experiencia espiritual, que la llevó a una convicción profunda de la importancia de ser obediente a Jesús. Claramente ella había escuchado la voz del Espíritu de Dios hablándole directo al corazón, y pudo identificarse con Jesús y ser obediente al Padre.

Lo negativo, en cierto modo, es no haber tenido a alguien que la acompañara en esos momentos. Un discipulador que la guiara a dar ese paso, o que al menos le explicara varias cosas luego de haberlo dado.

Y aquí es donde es clave la función del discipulador. Con tu acompañamiento oportuno, el bautismo puede ser una experiencia poderosa y un hito en la vida espiritual de cada discípulo.

¿Cuál fue tu experiencia en el bautismo? ¿Puedes contárselo a tus discípulos cuando estén por dar ese paso?

A lo largo de los años, yo he visto a mucha gente dar el paso del bautismo. Unos porque era un requisito para tocar en la alabanza o servir en algún otro ministerio; otros porque sus amigos lo hacían y no querían quedarse fuera; otros porque sus padres o pastores los obligaban... No puedo dar fe de aquellos que lo hicieron por las razones equivocadas, ni puedo decir lo que había en el corazón de cada uno. Lo que sí quiero es mencionar a todos aquellos que acompañé de cerca, esos que se levantaban del agua felices, buscando un enorme abrazo, convencidos de que este paso les acercaba íntimamente a Jesús.

Recuerda: tu labor como discipulador es ser su compañero, su motivador espiritual y su maestro oportuno. ¡Con una buena guía, el bautismo será una experiencia inolvidable de acercamiento a Jesús!

Posibles preguntas de los discípulos

¿Cuándo debe uno bautizarse?

Cuando ha entendido el arrepentimiento y ha declarado su fe en Jesús. Ese es el único requisito. No tiene que ver tanto con una edad o una preparación previa, sino con una convicción. Sin embargo, siempre conviene entender todos los principios que giran alrededor del bautismo para que pueda ser una experiencia más profunda y consciente.

¿Si me bautizaron de bebé, debo bautizarme de nuevo?

El bautismo es una forma de lavamiento, y en la niñez temprana no necesitamos ser lavados. Además, requiere de una convicción personal y una decisión propia de seguir a Jesús y ser su discípulo, cosa que difícilmente podemos hacer siendo muy pequeños.

Temas sugeridos

Recuerda que este material no contiene ningún énfasis doctrinal. Los temas sugeridos pueden ser investigados e impartidos de acuerdo a lo que se enseña en cada comunidad eclesial.

- La encarnación. Dios hecho hombre en favor de la humanidad.
- La llenura del Espíritu Santo.
- La voz de Dios.
- Nacer del agua y del Espíritu.

CAPÍTULO 13

EXPERIMENTAR LA CENA DEL SEÑOR

Existen dos ordenanzas bíblicas que se han entregado a la Iglesia. La primera es el bautismo, y ya tratamos ese tema en el capítulo anterior. La otra es la Cena del Señor. En este capítulo nos ocuparemos de ella.

"Él les dijo:

—Había deseado muchísimo comer esta Pascua con ustedes, antes que sufra. Pues les aseguro que no volveré a comerla hasta que tenga su cumplimiento en el reino de Dios".

Lucas 22:15-16

Cuando se acercaba el momento de su sacrificio, Jesús quiso pasar con sus discípulos un tiempo real y profundo. No se trataba solo de la comida, sino del momento; de la unidad y de la hermandad. Jesús quería compartir con ellos de forma íntima, ¡y qué mejor lugar para hacerlo que alrededor de una mesa!

Ahora bien, debemos tener en cuenta que la Pascua no fue algo que Jesús instituyó. El pueblo de Dios ya venía celebrando la Pascua desde el tiempo de Moisés. El nombre hebreo para esta fiesta es *Pésaj* (significa "salto", pero también tiene la connotación de "pasar por encima" o "pasar por alto"), y en ella se celebra la liberación del pueblo de Dios de la opresión en Egipto.

Imagina esto: los hebreos eran esclavos en la tierra de Egipto y estaban obligados a trabajar para el engrandecimiento del imperio. Construían sus casas, sus templos, sus monumentos, sus ídolos... Cada cosa que hacían para el imperio era un atentado contra las creencias del pueblo de Dios. Ellos habían perdido muchas de sus costumbres, y también sus sueños y anhelos. Habían olvidado lo que era compartir con libertad y gozo.

En ese escenario, Dios envió a Moisés con la bandera de la libertad. Varias veces tuvo que presentarse Moisés delante de Faraón para pedirle que liberara al pueblo de Dios, y ante su negativa los egipcios tuvieron que experimentar muchas plagas y desgracias. La última de ellas sería el paso de la muerte por cada casa, llevándose a todos los primogénitos. La única forma de librarse de ella era colocando sangre de un cordero sin defecto en las puertas de sus casas para que la muerte pasara de largo sin entrar en ese hogar.

Esa noche, el pueblo de Dios había sido instruido para preparar ese cordero sin mancha y comerlo en familia. Si la familia era muy pequeña debía unirse con otra familia para que juntos pudiesen compartir alrededor de la mesa. La cena de esa noche fue agridulce... Estaban en un momento de transición de la esclavitud a la libertad. Y así partieron el pan y comieron el cordero.

Luego el Señor instituyó la celebración de esta fiesta a perpetuidad:

> *"Recuerden: esta es una ley permanente para ustedes y para sus descendientes. Cuando entren en la tierra que el Señor les dará, como ha prometido, y estén celebrando la Pascua, y sus hijos les pregunten: ¿Qué significa esto? ¿Qué ceremonia es esta?', ustedes les responderán: 'Es la celebración del paso del Señor, porque pasó de largo por los hogares del pueblo de Israel cuando mató a los egipcios. Pasó de largo por nuestras casas y no entró a destruirnos'.*

> *Y todos los israelitas inclinaron la cabeza y adoraron, e hicieron lo que el Señor les había ordenado por medio de Moisés y de Aarón".*

Éxodo 12:24-28

De manera que el pueblo hebreo había celebrado Pésaj cada año desde ese día. Pero esa noche Jesús compartió la mesa de Pésaj con sus apóstoles, recordando de una manera muy especial el paso de la esclavitud a la libertad, y la idea de ser libres de la muerte por medio de la sangre de un cordero...

"Y les dijo:

—¡Cuánto he deseado comer con ustedes esta Pascua antes de padecer!".

Lucas 22:15 (RVA-2015)

El Salvador del mundo estaba pensando en lo que vendría después... La traición, la huida de sus discípulos, la soledad, los vituperios, los azotes y la muerte.

En ese momento sus discípulos representaban a toda la humanidad. Pienso que Jesús, mirándolos a los ojos, vio a cada ser humano sumido en la esclavitud y necesitando ser hecho libre, a millones de personas sufriendo y con miedo. Pienso que vio en ellos a cada hombre, a cada mujer, a cada niño, de todas las épocas pasadas y futuras, y miró la muerte pasar por sobre ellos sin tocarlos, todo gracias a la sangre de un cordero...

¡Para eso era su sacrificio! ¡Para eso derramaría su sangre! Para librarlos de la muerte, para sacarlos de la esclavitud, para dar libertad a todas las generaciones...

Jesús había celebrado Pésaj cada año desde su niñez, como era la costumbre de los hebreos, pero este Pésaj era diferente porque rasgaría en dos partes la historia del mundo espiritual. Jesús se enfrentaría a la muerte, y esta sería vencida de una vez y para siempre por la sangre del Cordero, el Hijo unigénito de Dios.

¡Todo esto es lo que recordamos cuando celebramos la Cena del Señor! ¿Te parece una historia leve y pasajera? Para nada, ¿verdad? Sin embargo, a veces pareciera que no somos conscientes de muchas de estas cosas. Por eso hay algunos aspectos que quiero mencionar respecto de la Cena del Señor, que pueden ser útiles para que tú, como discipulador, puedas ayudar a tus discípulos a que esta experiencia sea más profunda y significativa.

El acto ritual

Sí, es un acto simbólico que la Iglesia practica desde tiempos ancestrales, atendiendo a la orden de Jesús, que pidió a sus discípulos: *"...Hagan esto para que se acuerden de mí"* (Lucas 22:19).

Desde ese momento, el *Pésaj* o la Pascua ya no sería solo para recordar la liberación de la esclavitud en Egipto, sino para recordar a Jesús, el libertador del alma y del Espíritu. Recordamos el sacrificio de Jesús cada vez que participamos de esta cena, y mucho más cuando es el tiempo de Pascua o la celebración de *Pésaj*.

Es un acto conmemorativo en el que la comunidad de creyentes en Jesús se pone de acuerdo para recordar su sacrificio. Todos toman un poco de pan y un poco de vino (o jugo de uva, dependiendo de la costumbre de su congregación o de su región). Se bendicen los elementos, se come el pan y se bebe el vino, y se hace una oración.

Dependiendo de la iglesia, este acto puede ser muy sagrado y formal, o con un énfasis más emotivo, pero la meta es la misma: obedecer la ordenanza de Jesús.

El requisito principal es un examen personal:

> *"Por eso cada uno debe examinarse antes de comer el pan y beber la copa, porque si come de este pan y bebe de esta copa sin pensar en el cuerpo de Cristo, come y bebe para su propio juicio".*

1 Corintios 11:28-29

El acto íntimo

La experiencia personal es importante. Por eso, instruye a tu discípulo para que cada vez que tenga la oportunidad de participar de la Cena del Señor se prepare, meditando en el sacrificio de Jesús y evaluando la condición de su corazón. ¡Este es un buen momento para ponerse a cuentas con Dios!

Instruye a tu discípulo para que cada vez que tenga la oportunidad de participar de la Cena del Señor se prepare, meditando en el sacrificio de Jesús y evaluando la condición de su corazón.

Jesús hablaba metafóricamente cuando decía: *"Este es mi cuerpo"*, o *"Esta es mi sangre"*, pero la referencia es poderosa. Imaginar comerse el cuerpo y la sangre de una persona puede sonar extraño para más de uno. Pero Jesús se refería a lo que *representaban* esos elementos.

Jesús dijo que Él era el pan de vida. Esta es una aseveración tan fuerte que los judíos la tomaron como una insolencia, y por eso comenzaron a murmurar contra Él (Juan 6:41). Pero era cierta. Jesús es un pan del que podemos saciarnos para nunca más tener hambre espiritual sino solo de Él.

Y su sangre nos ha limpiado. La sangre de Jesús nos ha invadido, como en una transfusión, para que no seamos más nosotros, llenos de faltas y maldad, sino Él en nosotros. Y su sangre derramada en la cruz también nos ha librado de la muerte.

Al tomar los elementos estamos recordando y afirmando estas verdades.

El acto comunitario

La iglesia de los primeros cristianos se reunía con este propósito y otros más.

"No dejaban de reunirse en el templo ni un solo día. De casa en casa partían el pan y compartían la comida con alegría y

generosidad, alabando a Dios y disfrutando de la estimación general del pueblo. Y cada día el Señor añadía al grupo los que iban siendo salvos".

Hechos 2:46-47 (NVI)

Aquí vemos que la iglesia primitiva tenía como práctica "el partimiento del pan". Básicamente, se reunían para comer. No solo por la Pascua, sino para la comida diaria. Esto nos dice dos cosas: la Cena del Señor era un tiempo de compartir en comunidad, examinándose por dentro, pero pensando en el prójimo y sus necesidades.

Toda comida podía convertirse en una ocasión para recordar el sacrificio de Jesús. No solo a través del acto ritual, sino también de lo cotidiano.

En el discipulado

Cuando estás encaminando a tus discípulos viene bien buscar espacios para experimentar a Dios, y la Cena del Señor puede ser el móvil perfecto. Reunirse en parejas o en grupos pequeños para ahondar en esta experiencia puede resultar profundamente significativo.

Y no solamente en grupos, sino en reuniones personales, en tiempos de oración, en el tiempo de compartir una comida en casa... Cualquier momento puede ser el pretexto perfecto para el discipulado.

Jesús practicó esto en su encuentro con los discípulos que iban camino a Emaús. Al final de su caminar se detuvieron para comer, y hasta ese momento ellos no habían reconocido a Jesús. ¡Pero cuando partió el pan, sus ojos fueron abiertos y se dieron cuenta de que era Él! Incluso entre ellos se decían: *"...¿No ardía nuestro corazón mientras conversaba con nosotros...?"* (Lucas 24:32). Jesús aprovechó un momento cotidiano, como es el caminar juntos y compartir una comida, para hacerles saber que había vencido a la muerte y estaba vivo. ¡Hagamos lo mismo nosotros!

Storytelling

La práctica de la Cena del Señor es similar en la mayoría de las iglesias, y yo solía participar por costumbre cada vez que se hacía. Pero recuerdo una oportunidad en la que el Espíritu de Dios se movió de manera diferente, poderosa y especial. El Señor nos movió a meditar de una forma profunda sobre su sacrificio y muerte, y uno tras otro, todos los que estábamos presentes fuimos quebrantados hasta las lágrimas. Realmente sentíamos dolor por el proceso que Jesús tuvo que pasar, y al mismo tiempo un enorme sentimiento de gratitud nos invadió y todos dábamos gracias por el privilegio de tener nuestros nombres escritos en el Libro de la Vida. Al comer el pan yo pude experimentar la dimensión de los azotes, las llagas, los clavos y la corona de espinas. Al beber el vino sentí en mi ser una sensación de limpieza de mi propia sangre, limpieza de mi pasado, de mi ser entero.

¡Fue una experiencia poderosa! Al salir de esa reunión, Dios cambió mi manera de pensar sobre esa cena a la que, con razón, llamamos "santa"...

Ahora, cada vez que tengo la oportunidad de compartir la Cena del Señor en comunidad, intento que sea una experiencia íntima, cara a cara con Jesús. Uso pasajes diferentes de la Escritura, planteo una vivencia que busque el corazón de Dios, y motivo a los que participan a identificarse con Jesús de manera muy cercana. ¡Es una oportunidad preciosa!

¿Qué momentos puedes aprovechar con tus discípulos para experimentar lo que es ser comunidad partiendo el pan?

Recuerda: experimentar a Dios es más importante que enseñar acerca de Dios.

Posibles preguntas de los discípulos

¿Puedo participar de la Cena del Señor si no he sido bautizado?

Dependiendo de la denominación o del énfasis doctrinal de tu iglesia, usualmente tienen una política respecto a esto. En algunos casos no permiten tomar la Cena si no has dado el paso del bautismo primero. Te sugiero tener una conversación sobre este tema con las autoridades de tu iglesia para que estés alineado con la doctrina que se enseña allí.

Algunos dicen que Jesús ya había bautizado a sus discípulos, y que por eso les permitió tomar de la cena, pero eso contradice el hecho de que por generaciones los judíos habían participado de la cena de *Pésaj* sin un requisito bautismal.

En mi caso personal, yo veo que el *Pésaj* era una convocatoria familiar. Las familias participaban del cordero pascual, del pan y de los demás elementos de la cena. No existía restricción respecto de esto. Por el contrario, el pueblo hebreo tenía la orden de parte de Dios de comunicarles a las siguientes generaciones cada cosa que practicaban, para así mantener su cultura alineada como pueblo de Dios. De hecho, las familias judías aún continúan celebrando *Pésaj* en la actualidad, y es una cena de la cual toda la familia participa, incluidos los niños.

Por otro lado, yo entiendo que la Cena es una invitación a la mesa del Padre. Y no veo a Dios haciendo distinción entre quiénes pueden acercarse a su mesa y quiénes no. Creo que Dios quiere que todos se acerquen, porque ese es su carácter.

Sin embargo, te repito, sería mejor que estuvieras en sintonía con lo que se enseña en tu comunidad eclesial.

Dicen que estar en pecado nos hace indignos de tomar la Cena, ¿es así?

Otra vez, eso depende del punto de vista... En mi opinión, todos somos pecadores redimidos por la sangre del Cordero. Si hay alguien que pueda decir que está sin pecado, que lance la primera piedra.

Ahora, si la persona lo hace dignamente o no, creo que a eso solamente lo puede evaluar el Padre...

De todas maneras, es por ese motivo que Pablo instruye al pueblo para que cada uno se evalúe a sí mismo, mirando su condición interior.

No quiere decir, en mi opinión, que cada uno evalúe si está o no en condición de participar de la Cena, sino que debemos usar la Cena como el instrumento que Dios ha dispuesto para volver a juntarnos con Él en el Espíritu.

Temas sugeridos

• Doctrinas erradas: transustanciación y consubstanciación.

• Símbolos de la Cena:
» El pan de vida
» El Cordero sin defecto
» La sangre de Jesús

CAPÍTULO 14

DISCIPLINAS ESPIRITUALES CON CARÁCTER VIVENCIAL

La vida requiere disciplina. Conforme pasan los años me doy cuenta cada vez más de mi necesidad personal de practicar ciertas disciplinas necesarias para vivir mejor.

Hace algunos años en casa dejamos de comprar azúcar procesada (aunque de vez en cuando me permito uno que otro postre). Por otra parte, yo siempre fui una persona activa, e incluso hacía deportes de vez en cuando. Pero con los años veo que me resulta necesario tener una disciplina de ejercicio (¡lo que me ha costado mares!) para poder lidiar con el sobrepeso. Ya no es suficiente con hacer ejercicio de vez en cuando. Necesito una práctica diaria. Y si tan solo hubiera tenido una disciplina desde la juventud, pienso que hoy me sería más fácil...

Otra disciplina que me gusta es la lectura. La tenía en mi adolescencia, y luego la perdí por muchos años. Cuando llegué al Señor la recuperé, y hace unos años la volví a perder. Y ahora, en esta época postpandemia, la estoy recuperando de nuevo. Leer me hace bien, me relaja y me ayuda a aprender.

¿Y qué hay de las disciplinas espirituales?

Así como yo he luchado con la alimentación, con el ejercicio o con la lectura, veo que muchos de los creyentes también luchan (o luchamos) para desarrollar las disciplinas espirituales que usualmente se recomiendan.

De algo estoy seguro: cada discípulo es diferente. Y porque somos diferentes, las disciplinas espirituales son variadas. De seguro algunas nos resultarán más cómodas o nos saldrán de manera más natural, pero es bueno experimentarlas a todas.

¿Por qué son útiles las disciplinas espirituales? Son útiles porque:

Nos conectan con Dios de diferentes maneras.

Nos ayudan a desarrollar carácter.

Nos hacen conocer aspectos de Dios que no conocíamos

Nos sirven para crecer en el Espíritu y en nuestra relación con Dios.

Ahora bien, desarrollar una disciplina espiritual es algo más que acostumbrarse a orar por los alimentos. Es una práctica que se anhela porque es edificante, gratificante y nos acerca al Dios eterno.

Para que una disciplina espiritual cumpla sus propósitos debe ser vivencial, y no repetida solamente por inercia o por obligación. Sí, es cierto, buscamos desarrollar un hábito, pero la sola costumbre no es suficiente para lograr la meta a la que queremos llegar. Por eso, debemos evitar que las disciplinas espirituales se conviertan en meras rutinas que con el tiempo pierden su propósito. Deben ser experiencias buscadas de forma constante, justamente para que se conviertan en hábitos.

¿Por dónde comenzar? Bueno, Jesús practicó varias disciplinas espirituales que creo nos conviene aprender. Aunque no son las únicas, son un buen punto de inicio.

Te invito a mirarlas juntos...

Jesús y la oración

"Un día que Jesús estaba orando en cierto lugar, al terminar uno de sus discípulos le dijo:

—Señor, enséñanos a orar, así como Juan enseñó a sus discípulos".

Lucas 11:1

Sabemos que Jesús tenía tiempos constantes de oración y búsqueda del Padre. Lo sabemos porque hay muchos pasajes bíblicos que nos hablan de Jesús orando. Y en este verso que acabamos de leer vemos que sus discípulos le piden al Maestro que les enseñe a orar. De seguro era tan notable su comunión con el Padre que provocó que sus discípulos anhelaran ese tipo de relación. ¡Ellos querían experimentar lo mismo!

También podemos hacer otra observación interesante: ellos dijeron *"...así como Juan enseñó a sus discípulos"*. Estaban hablando de Juan el Bautista. Es decir que para ese momento ya se había corrido la voz de que la oración era un excelente método para encontrarse con Dios.

Como discipulador, debes buscar tener tiempos de oración junto a tus discípulos, y también darles pautas para que ellos puedan hacerlo solos.

Jesús y la Palabra

"Jesús contestó:

— ¡Dichosos, más bien, los que oyen la palabra de Dios y la obedecen!".

Lucas 11:28

Jesús conocía muy bien la Palabra. Sabemos que desde niño se ponía frente a frente con los maestros de la ley para discutir lo esencial de la Palabra de Dios, y que incluso a esa edad ya la gente se maravillaba de su sabiduría, porque era evidente que venía del cielo. Jesús estuvo en contacto con la Escritura desde pequeño. La *Toráh* (los libros de la ley), los *Navi´im* (los profetas) y los *Ketuv´im* (los escritos) eran su alimento diario. Y muchas veces vemos a Jesús citando lo que estaba escrito en la Palabra. Y Jesús, por supuesto, entendía que la obediencia era clave.

Hoy nosotros también debemos desarrollar un hábito de estudio profundo de la Palabra de Dios, no solamente para conocerla, como hacen muchos, sino también para ponerla en práctica. Para obedecerla. ¿De qué sirve saber mucho de la Biblia si no la practicamos?

Como discipulador, estás llamado a motivar a tus discípulos a estudiar constantemente la Palabra de Dios, y a poner en práctica lo que allí está escrito.

Jesús y la meditación

"Dichosos todos aquellos que no siguen el consejo de los malvados, ni se detienen en la senda de los pecadores, ni cultivan la amistad de los blasfemos, sino que se deleitan en la ley del Señor, la meditan día y noche".

Salmos 1:1-2

Este pasaje del Salmo 1 habla de un tipo de disciplina espiritual que conocemos como *meditación*. Jesús meditaba, en efecto, en obediencia a este salmo. Se apartaba muchas veces en la madrugada, buscando un sitio a solas para poder pasar tiempo orando y meditando en la Palabra de Dios.

Leer es fácil. Hay planes de lectura maravillosos que nos ayudan a terminar la Biblia en un año. Pero la meditación es un poco al revés. No se trata de *abarcar* mucho, sino de *profundizar* mucho. Uno puede pasarse un año entero meditando sobre un solo versículo o pasaje. Es que la meditación nos hace reflexionar, pensar hacia adentro. Nos ayuda a detenernos en medio de las actividades cotidianas para darle un tiempo tranquilo al corazón, para que pueda reaccionar frente a una palabra o pasaje que se ha leído o escuchado. La meditación nos ayuda a entenderlo mejor, a vivirlo y hasta a enseñarlo mejor.

Como discipulador, es bueno que comiences a tener tiempos personales de meditación sobre la Palabra, intentando enfocarte en tus discípulos. No olvides que tus experiencias personales pueden ser herramientas útiles de discipulado.

Jesús y la adoración

"Ustedes adoran lo que no conocen, pero nosotros adoramos lo que conocemos, pues la salvación viene de los judíos".

Juan 4:22

Jesús se tomó un buen tiempo para tener esta conversación con una mujer de Samaria. Judíos y Samaritanos tenían diferencias sobre qué lugar era el correcto para la adoración a Dios. Para Jesús estaba claro; muchos dicen adorar al Padre pero no le conocen, y de seguro hay quienes conocen al Padre y sin saber adorar, adoran. Se trata de la intención del corazón. Si sigues la lectura de este pasaje, verás que Jesús habla de las dos cualidades esenciales de la adoración a Dios: debe ser en Espíritu, es decir, un acto espiritual, y debe ser en verdad, teniendo una actitud y postura genuinas del corazón delante de Dios.

La adoración puede ser personal o comunitaria, pero siempre debe apuntar al Padre. Si queremos ver otro ejemplo de adoración genuina, lo tenemos a David. A través de los salmos podemos ver el corazón de David, que primero saca todas sus emociones a flote para descargarse con el Padre, y una vez se siente escuchado, somete su carne, sus deseos y quejas a la voluntad de Dios. Solo entonces llega a una adoración genuina, donde reconoce quién es Dios y le adora.

Como discipulador debes buscar que tus discípulos experimenten la riqueza de la adoración genuina. No solo cantar, no solo orar, sino experimentar un acto profundo de entrega del alma y del espíritu con el anhelo de encontrarse cara a cara con Él.

Jesús y el ayuno

"Cuando ustedes ayunen, no lo hagan en público como los hipócritas, que tratan de aparentar que están pálidos y desaliñados para que la gente se dé cuenta de que ayunaron. Les aseguro que, aparte de esto, no tendrán más recompensa. Pero cuando ustedes ayunen, lávense la cara y arréglense, para que nadie, excepto el Padre que ve lo secreto, se dé cuenta de que están ayunando. Y el Padre, que conoce lo secreto, los recompensará".

Mateo 6:16-18

Los fariseos fueron muy criticados por Jesús por usar el ayuno como instrumento de "espiritualidad", para mostrarse más que los demás. Por eso aquí Jesús nos enseña que Dios honra a quienes lo buscan en lo secreto.

Jesús practicó muchas veces el ayuno, y se lo enseñó también a sus discípulos. De hecho, podemos ver en la Biblia que uno de los hábitos comunes del pueblo hebreo desde tiempos ancestrales era el ayuno. Y también hacían ayunos especiales en momentos especiales. Por ejemplo, Moisés ayunó cuarenta días en presencia de Dios en el monte Sinaí cuando recibió las tablas de la ley; Daniel y sus amigos ayunaron, comiendo solo legumbres y agua para no contaminarse con la comida y el vino del rey de Babilonia, y Ester ayunó antes de presentarse frente al rey Asuero.

Como discípulos de Jesús, es vital que podamos experimentar a Dios a través de ayunos correctamente realizados (no profundizaremos más aquí, pero hay muchos libros y otros materiales que puedes consultar para aprender más sobre este tema).

El desarrollo de disciplinas espirituales es una parte crucial dentro del proceso de discipulado.

Lo que debemos tener claro es que el desarrollo de disciplinas espirituales es una parte crucial dentro del proceso de discipulado. La meta es que los discípulos experimenten a Dios, y no solo que aprendan sobre Él. Se puede saber mucho acerca de Dios sin conocerle, y también se puede conocer a Dios estando cara a cara con Él y sin haber aprendido tanto sobre Él. Con esto no quiero desmerecer (¡para nada!) la importancia de aprender sobre Dios, sino que quiero resaltar la importancia de que busques maneras para que tus discípulos realmente puedan *experimentar* a Dios en sus vidas.

Storytelling

Yo crecí sabiendo mucho acerca de Dios pero sin conocerlo realmente. Así que cuando al fin me encontró y decidí seguirle, usé todo mi esfuerzo para intentar acercarme lo más posible a Él. Sin religión, sin tradiciones. ¡Yo solo quería conocerlo a Él! Lo que antes pensaba era el invento de una religión, se había convertido para mí en una experiencia real, vívida y profunda. ¡Y quería conocer más y más a ese Dios vivo y real que acababa de descubrir!

Decidí empezar a leer la Escritura, pero tenía muchas preguntas y vacíos, así que compré una Biblia de estudio. La inversión no fue pequeña, por lo que sentía que tenía que sacarle el jugo... ¡y fue tan sorprendente mi crecimiento espiritual a través del estudio de la Palabra que en poco tiempo ya podía enseñar a otros lo que había aprendido!

Hoy día ya tengo más de veinticinco años de ser un seguidor de Jesús, y aún sigo aprendiendo... ¡Nunca terminaremos de conocer a Dios por completo, así que el estudio de la Palabra nunca dejará de ser importante!

¿Qué disciplinas espirituales has desarrollado tú? ¿Cuáles te resultaron más útiles, y cómo podrías compartirlas con tus discípulos?

Recuerda: las disciplinas espirituales nos ayudan a crecer con firmeza y fidelidad. Nos recuerdan que sabemos tan poco de Dios... ¡pero también nos animan y nos ayudan a conocerlo más!

Posibles preguntas de los discípulos

¿Qué sucede si nunca oro ni practico ninguna de estas disciplinas?

Para entenderlo, compáralo con tu vida diaria... Si nunca te lavas los dientes, pronto tendrás caries. Si nunca haces ejercicio, tu cuerpo será cada vez más frágil. Si no te alimentas con una dieta adecuada, pronto tu salud sufrirá las consecuencias.

De la misma manera, si no desarrollas hábitos y disciplinas espirituales, no crecerás, no conocerás a Dios de manera real, y tu vida espiritual será tambaleante.

¿Es más importante una disciplina que otra?

Ninguna es mayor o más importante. ¡Todas son útiles! Lo que sí puede suceder es que alguna te resulte mejor a ti en particular para conectarte con Dios. Algunos pueden sentir que no se conectan tanto cuando oran como cuando están leyendo y estudiando la Escritura. Algunos sentirán que no les resulta tan fácil meditar o tener un tiempo a solas, pero que sí pueden entrar fácilmente en una adoración genuina y profunda. Por eso es necesario aprender a conocerse a uno mismo, ya que todos fuimos hechos únicos y diferentes y una misma disciplina puede funcionar de forma distinta en cada hijo de Dios.

Temas sugeridos

Una vez más, te sugiero algunos temas que podrían complementar este estudio, y que de seguro resolverán algunas cuestiones en el proceso de discipulado. No olvides consultar con tus líderes o pastores cuando tengas que enseñar sobre estos temas.

- Alabanza y adoración.
- Tipos de oración.
- La oración intercesora.
- El canon bíblico y su historia.

CAPÍTULO 15

LA URGENCIA DE SANIDAD EMOCIONAL

Sigo de cerca los libros de Peter Scazzero, y desde que leí el libro *Espiritualidad emocionalmente sana* pude afirmar en mí la necesidad urgente de trabajar en procesos de sanidad interior con la gente que estamos discipulando. Más recientemente publicó el libro *Discipulado emocionalmente sano*, ¡y tuve que correr a comprarlo! En él, Scazzero enumera cuatro fallas fundamentales que explican por qué el discipulado que estamos haciendo en nuestras iglesias es superficial:

| 1. Estamos tolerando la inmadurez emocional. | 2. Insistimos más en hacer para Dios que en estar con Dios. | 3. Ignoramos los tesoros de la historia de la iglesia. | 4. Tenemos una definición errónea de lo que es el éxito. |

En este capítulo quiero abordar la primera.

"Demasiada gente en nuestras iglesias está sujeta a un nivel de inmadurez que los actuales modelos de discipulado no han abordado".

Peter Scazzero – *Una iglesia emocionalmente sana*

Ya he dicho antes que el discipulado tiene que ver con la madurez, y considerando al ser humano como un ser integral con diferentes facetas, debemos reconocer a las emociones como una de esas áreas inmaduras que no hemos querido trabajar.

La premisa es sencilla: una persona que ha sido herida herirá también a otros.

Yo entiendo la vida nueva que tenemos en Cristo, que todas las cosas son hechas nuevas y que gozamos de una posición en la que Jesús nos hace libres. No obstante, esta es una posición deseada. Jesús la consiguió, pero nosotros debemos imprimirla en nuestras vidas, en la formación de nuevos hábitos y criterios para producir nuevas realidades.

Sabemos que los principios que un discípulo debe desarrollar están ligados a la convivencia con otros, y, lamentablemente, vivimos en una sociedad que nos hiere. La forma en que vamos creciendo produce rupturas internas que es necesario enfrentar. Como dicen por ahí, "somos gente rota". Y si estamos rotos, romperemos a otros.

Toda persona necesita ser sanada en su alma y en sus emociones (los que estamos discipulando a otros debemos ser conscientes también de nuestra propia necesidad de ser sanados, para así poder ayudar mejor a nuestros discípulos). Cometemos un error cuando desconocemos el aspecto emocional inherente a todos los seres humanos y lo separamos de las cuestiones espirituales. En la práctica, el discipulado tiene mucho que ver con tratar con las emociones de las personas. Como dice Peter Scazzero: *"Es imposible tener madurez espiritual si somos inmaduros emocionalmente".*

Lamentablemente, la mayoría de los hogares latinos carecen de inteligencia emocional en los procesos de crianza. Los padres, que nunca aprendieron a manejar sus emociones, crían a sus hijos sin esa inteligencia, y así, sin darse cuenta, hieren a sus hijos, los rompen... y los hijos, cuando crecen, suelen repetir patrones similares.

¡Nuestra meta como discipuladores debe ser cambiar esta realidad!

"El discipulado, por lo tanto, implica dejar los modelos y hábitos pecaminosos de nuestras familias biológicas y ser transformados para vivir como miembros de la familia de Cristo".

Peter Scazzero – *Espiritualidad emocionalmente sana*

No puede haber salud espiritual si nuestras emociones están enfermas.

Además, el no trabajar las emociones puede traer varias consecuencias a todo nivel:

- Violencia, maltrato físico, verbal y psicológico.
- Separación, divorcio, adulterio, adicciones sexuales.
- Pobres relaciones intrafamiliares.
- Hipocresía constante en la vida de la iglesia.
- Envidias y celos entre los miembros.
- Cristianos que se victimizan constantemente.
- Falta de credibilidad en los ministros, líderes y siervos.
- Etc.

¿Puede el proceso de discipulado trabajar las emociones?

Sí, por supuesto. ¡Puede y debe!

Cuando discipulamos, no podemos hacer una separación pensando que nuestra labor es trabajar solo sobre la parte espiritual de la persona. ¡El verdadero discipulado bíblico es integral!

"Que Dios mismo, el Dios de paz, los santifique por completo. Que mantenga sin culpa todo su ser —espíritu, alma y cuerpo—, para cuando el Señor Jesucristo regrese".

1 Tesalonicenses 5:23

En este pasaje, Pablo nos ayuda a evaluar las tres áreas del ser humano como partes necesarias del un proceso de discipulado hacia la santificación en Jesús. Debemos ocuparnos del aspecto espiritual y guiar a las personas a la libertad. También debemos entender la necesidad de trabajar la salud física como parte de la madurez. Y, aunque la mayoría de las veces olvidamos trabajar en la salud emocional, es indispensable que le pongamos atención a esta área clave del ser humano.

Debemos mirar el discipulado como un proceso integral en donde el discipulador acompaña al discípulo a alcanzar la salud en su cuerpo, alma y espíritu.

Encaminarse hacia esto es un signo de madurez. No ocuparse de la sanidad emocional es dejar a los creyentes sin armas frente a un mundo roto, que se rompe a sí mismo y que perpetúa la cadena de heridas emocionales generación tras generación.

"Así como la casa necesita de una mantención y limpieza diarias, nuestra casa emocional debe tener el mismo cuidado".

Karen Quiroz – *Emociones sujetas a Dios*

A continuación, te comparto algunas ideas para evaluar el estado emocional de tus discípulos:

1 - Usa el filtro del amor

"De este modo todos sabrán que son mis discípulos, si se aman los unos a los otros".

Juan 13:35 (NVI)

Jesús les dijo esto justo luego de haber lavado sus pies en un gesto de amor y servicio, y pocos segundos después de que Judas saliera de la reunión para planificar la traición. Él les habló del nuevo mandamiento, colocando al amor como el mayor filtro para medir la madurez de sus discípulos.

¿Por qué razón alguien podría no demostrar amor a sus semejantes? Bueno, tal vez porque está herido, porque desconfía de las personas, porque ha sido rechazado o porque tiene varios asuntos personales pendientes de resolver. Si en el corazón de alguno de tus discípulos prima el desafecto, la indiferencia o la indolencia, hay que profundizar en los motivos por los que ese corazón se ha endurecido.

El problema es que usualmente en la iglesia se nos enseña que el amor es muy importante, y que debemos amarnos los unos a los otros, ¡pero nadie nos enseña a amar! Hay tanto vacío en la enseñanza acerca de cómo amar, que se nos hace difícil siquiera definir cómo es que ama un cristiano maduro.

¿Y cómo ama un cristiano maduro?

Tengo una respuesta que siempre uso para aconsejar a jóvenes y a parejas que están transitando sus primeros años de matrimonio, y es esta...

- Ama a pesar de tu ira o tristeza.
- Ama a pesar de la poca respuesta del otro lado.
- Ama a pesar de la desilusión.
- Ama a pesar de la lejanía.
- Ama a pesar de la desconfianza.
- Ama a pesar de la escasez.
- Ama a pesar del tiempo.

La verdad es que Jesús nos demostró esa clase de amor. Él nos amó a pesar de la traición, del abandono; a pesar de su tristeza y dolor, y a pesar de la incredulidad. Y si Jesús es la medida perfecta, ¡ese es el nivel de amor que estamos llamados a demostrar!

Como verás, esto es todo lo contrario a la inmadurez. Una persona inmadura pensaría: "¿Por qué demostrarle amor a alguien que ha hablado mal de mí, o a alguien que se ha alejado? ¿Cómo amar al que es responsable por algo que me duele, o a alguien que me ha defraudado?". (Quiero aclarar que ciertos aspectos del amor deben ser medidos con mayor precisión. Por ejemplo, no es amor quedarse con alguien que está siendo violento o cosas similares. Debemos cuidar estos límites también.

¡Vaya que necesitamos madurar en el amor!

Sobre este tema del amor, tu labor con tus discípulos es:

- Amarles incondicionalmente.
- Enseñarles a no pagar a nadie mal por mal.
- Ayudarles a despertar su afecto por la humanidad.
- Darles estrategias para poder manejar con amor sus conflictos.
- Mostrarles cuándo es mejor decir que sí o que no con madurez.
- Motivarles a estar en paz con todas las personas en la medida de lo posible.

2 - Mide la capacidad para perdonar

El que no perdona, no recibe perdón.

Sabemos que hemos recibido perdón de Dios, y la teoría dice que si Dios nos ha perdonado, nosotros debemos hacer lo mismo con otros. Pero no es fácil aprender a perdonar.

El Padrenuestro es una oración muy conocida entre los cristianos. En Mateo 6 leemos que Jesús les enseñó a sus discípulos cómo orar al Padre, pero al finalizar la oración se tomó el tiempo de hacer algunas aclaraciones. Ya que había dicho: *"... y perdona nuestros pecados, así como nosotros perdonamos a los que nos han hecho mal"* (v. 12), unos versículos después hace una aclaración sobre esto:

"Su Padre celestial los perdonará si perdonan a los que les hacen mal; pero si se niegan a perdonarlos, su Padre no los perdonará a ustedes".

Mateo 6:14-15

Si recibimos perdón, debemos dar perdón.

Hemos dicho antes que nuestro Padre, tan lleno de amor, está siempre dispuesto a perdonarnos cuando ve arrepentimiento y cambio de conducta en nosotros. Pero esta aclaración de Jesús nos muestra una condición para recibir el perdón: que nosotros aprendamos a perdonar. ¡Este es un principio espiritual poderoso, y debe ser enseñado a los discípulos! Pero más que eso, necesitamos acompañarlos en sus propios procesos de perdón, siendo conscientes de su complejidad.

La falta de perdón trae, además, otras consecuencias negativas:

- Produce facilidad para albergar rencor.
- Hace crecer el orgullo, la necedad y la terquedad.
- Genera resentimiento. La persona repite una y otra vez la emoción perturbadora de la ofensa.
- Le hace creer a la persona que todos los demás están equivocados y que solo ella tiene la razón.

Perdonar parece fácil, y en ciertos casos lo es. Pero hay casos en que ciertas ofensas se vuelven heridas sangrantes en nuestro corazón, y aunque queramos perdonar, puede costarnos mucho.

"Todo el mundo dice que el perdón es una hermosa idea hasta que tienen algo que perdonar... No es que la gente piense que esta virtud es demasiado refinada o difícil: la considera odiosa y despreciable".

C. S. Lewis – *Mero cristianismo*

Acompañar a tus discípulos en sus procesos de perdón es una parte importantísima de tu trabajo como discipulador. Cuando una persona se siente incapaz de perdonar, a veces necesita a alguien que escuche activamente su dilema, que le dé palabras de ánimo, o que simplemente le permita la posibilidad de desahogarse y le ayude a gestionar sus emociones.

Sobre este tema del perdón, tu labor como discipulador es:

- Guiar a tus discípulos a encontrar los motivos por los cuales no se sienten capaces de perdonar.
- Ayudarles a sacar sus emociones a flote, ayudarles a recordar, y llorar con ellos si es necesario.
- Enseñarles los principios bíblicos en torno al perdón.
- Animarles a obedecer la Palabra. Perdonar es un mandato, no una sugerencia.

3 - Identifica los venenos de la personalidad

Nuestra inmadurez suele almacenar algunos venenos, y analizarlos puede ayudarnos a identificar el estado de nuestro ser interior. ¿A qué me refiero con "venenos"? A algunas actitudes que enferman nuestra alma hasta el punto de provocar acciones que pueden herir a los demás, con o sin la intención de hacerlo.

Algunos ejemplos de venenos de la personalidad pueden ser:

- Rechazar a las personas (por diferentes motivos).
- Hablar mal de otros a sus espaldas.
- Mentir para no enfrentar una consecuencia.
- Tratar a otros con desdén o aversión.
- Mostrar menosprecio hacia sí mismo o hacia otros.
- Estar constantemente victimizándose.
- No admitir los propios errores.

Todos estos venenos (y otros más que podrían añadirse a esta lista) son problemas ligados a emociones inmaduras, y que muy probablemente se conecten con eventos dolorosos o traumáticos en la vida de la persona. Se trata de situaciones que provocaron aflicción en su momento, pero que en lugar de resolverse se guardaron en el alma, y allí se convirtieron en una poción tóxica que daña al portador y a los que están a su alrededor.

Y así, conforme estos venenos actúan en la vida de una persona, producen reacciones y síntomas emocionales que debemos aprender a identificar, tales como:

- Autoestima endeble.
- Identidad difusa o poco comprendida.
- Comportamientos o actitudes limitantes.
- Complejos de superioridad o de inferioridad.
- Temor, vergüenza o autocondenación.
- Emociones descontroladas.
- Sentimientos de desprotección y abandono.
- Ira contenida.
- Depresión o tristeza constante.

¡Por todo esto resulta urgente que nos ocupemos de la sanidad emocional! Un aspecto del que la iglesia suele ocuparse poco, porque en algún momento nos hicieron creer que es mejor esconder las emociones, pensando (erróneamente) que delatan una espiritualidad débil, cuando en realidad ponen en evidencia una necesidad del ser interior de cada persona.

Sobre este tema de los venenos, tu labor como discipulador es:

- Identificar las áreas en las que tus discípulos necesitan sanidad.
- Hacerles ver que sus comportamientos o reacciones delatan la necesidad de sanidad.
- Ayudarles a reconocer las mentiras que han creído, y reemplazarlas con las verdades de la Palabra de Dios.
- Estar allí para contenerlos en sus momentos de desahogo.

- Iniciar procesos de sanidad emocional en los diferentes temas que cada discípulo requiera, hasta ayudarles a alcanzar libertad de la esclavitud emocional.

Storytelling

Cuando Cristo me encontró, fue un nuevo comienzo para mí. Entre tantas cosas que había hecho, tantos errores que había cometido y tantos recuerdos horribles de los cuales me arrepentí en su momento... entre todo eso, entendí que Jesús quería darme una nueva vida. Así lo experimenté, y en poco tiempo crecí mucho en el conocimiento de Dios y en mi relación con la familia de la fe.

Vivir la vida cristiana no parecía tan difícil: tenía que tomar buenas decisiones, evitar algunas amistades peligrosas, dejar de frecuentar ciertos lugares detonantes de conductas indeseables... Todo parecía estar bajo control. Con el tiempo, ya no necesitaba nada más. Lo tenía todo. O al menos eso era lo que yo pensaba...

Luego, un día, en un retiro de sanidad interior (¡nunca antes había estado en uno!), Dios me trajo a la memoria algunos aspectos de mi vida en los que no había meditado. Mi pasado de rechazo y vergüenza era un tema pendiente que yo hubiera querido dejar atrás, en el olvido. Pero allí estaba. Y recién entonces entendí el porqué de ciertas actitudes que experimentaba sin poder controlarlas. Ansiedad, envidia, menosprecio por el éxito de otros, una necesidad de quedar bien con todo el mundo, incapacidad para manejar las críticas, todos estos y otros más eran venenos que todavía corrían por mis venas, pudriendo mi alma sin que yo me diera cuenta.

La historia comenzó ese día, pero no terminó allí. Trabajar en mi sanidad no fue una experiencia de un fin de semana. Me costó mucho tiempo. Años de esfuerzo, dolor, frustración, caídas y vuelcos que tuve que enfrentar para llegar a decir: "Estoy sano y puedo seguir adelante". Incluso debo decir que algunas cosas todavía me persiguen hoy... pero aprendí a identificarlas, a manejarlas, gestionarlas y sanarlas cada vez que aparecen.

Cuando acepté el llamado pastoral que Dios tenía para mí, empecé mi vida ministerial como pastor de adolescentes y jóvenes, ¡y fue tan refrescante trabajar en sanidad interior con ellos! Eran como una tierra fértil, dispuestos a cambiar, a sanar. Con los adultos siempre es más difícil. Hay más dolor, traiciones más escabrosas, pecados más perversos, heridas más profundas. ¡Por eso amo trabajar con las nuevas generaciones!

¿Qué parte de tu testimonio de sanidad puede ser útil para tus discípulos?

Hay muchísimos temas relacionados con la sanidad del alma y de las emociones. Acompañarlos mientras enfrentan estos temas suele ayudar a forjar un vínculo fuerte entre discipulador y discípulos. Esto tiene mucho que ver con volvernos vulnerables frente al otro, con quitarnos las máscaras y reconocer que hay algo que nos duele en nuestro ser interior y que evidentemente afecta a otras áreas de nuestra vida.

Como discipuladores debemos fomentar la salud integral de nuestras comunidades.

Recuerda: como discipuladores debemos fomentar la salud integral de nuestras comunidades, de modo que puedan ser un entorno sanador para todas aquellas personas que están buscando la libertad que Cristo ofrece.

Posibles preguntas de los discípulos

¿Puedo vivir la vida sin sanar mis emociones?

Claro, de hecho muchos lo hacen... pero se convierten en cristianos inmaduros, con actitudes que enferman a otros y dañan la imagen de la comunidad en general.

¿Es obligatorio enfrentar estos temas si no quiero hacerlo?

Nada en la iglesia debería hacerse por obligación, sino por la convicción que el Espíritu de Dios pone en cada uno de nosotros. El discipulador puede hacer notar, sugerir, motivar e inspirar a sus discípulos para guiarlos hacia la sanidad del alma y la madurez integral, pero dependerá de cada uno dar los pasos hacia ello.

¿Qué sucede si no puedo hacerlo?

Algunas personas se sienten incapaces de dar pasos de sanidad emocional, muchas veces porque es demasiado difícil recordar escenas fuertes del pasado, o porque resulta muy doloroso. No es necesario caminar en estas cosas de manera apurada, solo para cumplir con el tema. Debemos tomarlo como un proceso, y el Padre nos guiará con sus tiempos para saber cuándo dar cada paso.

Temas sugeridos

Puedes profundizar en temas como:

- Sanidad emocional.
- Salud mental.
- Dones espirituales enfocados en la sanidad.
- Resiliencia.

CAPÍTULO 16

LA FORMACIÓN DEL CARÁCTER DEL DISCÍPULO

El artesano toma el cincel. Sostiene la frágil pieza que todavía no tiene identidad, no tiene forma, no tiene nada que la identifique. De pronto, con su habilidad manual, comienza a crear surcos, algunos más profundos que otros, y así le va dando un aspecto fácilmente reconocible, hasta que la convierte en algo hermoso y digno de admiración.

¿Has visto alguna vez a un artesano dejar marcas con un cincel en la pieza sobre la que está trabajando?

La palabra *carácter* proviene de una palabra griega que podría traducirse como "el que graba". Su significado tiene que ver con marcar o esculpir algo con algún instrumento. También se ha usado para describir el acto de ponerle una marca al ganado con un hierro candente para poder identificarlo.

El carácter es eso: es como un cincel que deja una marca, o un hierro con una figura claramente identificable, que todos pueden reconocer.

El carácter de una persona dice quién es él o ella.

Y el carácter se mide en virtudes.

¿Qué es una virtud?

En su libro *Valores*, Félix y Sara Ortiz lo definen de la siguiente manera: *"Una virtud es la encarnación habitual y constante de un valor"*.

Cada virtud es como una marca del cincel que se ha logrado imprimir en una persona para moldear su forma de ser, de pensar y de actuar.

El proceso sería más o menos el siguiente:

1. Una persona abraza un conjunto de valores.

2. Los practica todo el tiempo, pues realmente cree en ellos.

3. La práctica de estos valores forma en la persona virtudes.

4. El conjunto de virtudes construye el carácter.

El carácter puede tener también "defectos": marcas negativas por medio de las cuales podemos identificar las debilidades de una persona. Son áreas de inmadurez que afectan la forma en la que la persona piensa y se comporta. Los defectos nos dicen tanto de una persona como nos lo dicen sus virtudes.

"Muchos no pueden servir bien, no porque les falte técnica o conocimientos, sino porque tienen uno o más problemas de carácter. Aquí es donde muchos fracasan".

Watchman Nee – *El carácter del obrero de Dios*

Un discípulo de Jesús debe luchar por reducir sus defectos y desarrollar sus virtudes. Esto es un proceso que lo encaminará hacia la madurez en todas las áreas de su vida.

Entonces, la meta del discipulado debe ser imprimir en cada discípulo las virtudes del carácter de Jesús, para encaminarlo hacia una madurez integral.

Se cuenta una anécdota en la que Nelson Mandela, siendo presidente de Sudáfrica, llegó a cierto restaurante, y mientras esperaba para ser atendido invitó a otro comensal que se encontraba cerca para que lo acompañase a la mesa. Cuando el hombre terminó su comida se levantó y se fue. El escolta del presidente aseguró que el hombre debía estar enfermo, pues sus manos temblaban mientras comía. Pero Mandela le dijo: *"Temblaba, no porque estuviera enfermo, sino porque estaba asustado. Quizás esperaba que yo, ahora que soy el presidente de Sudáfrica, lo mandara a encarcelar también, y le hiciese lo mismo que él me hizo: torturarme y humillarme. Pero quería demostrarle que yo no soy así. Esa conducta no forma parte de mi carácter, ni de mi ética. Las personas que siempre buscan venganza solo destruyen los estados, mientras que aquellas que buscan la reconciliación construyen naciones".*

El carácter define nuestras acciones. La pobreza de nuestros actos usualmente es fruto de nuestros defectos de carácter, así como lo más altruista y noble de nosotros se asienta en nuestras virtudes de carácter. Cuando alguien nos pide que digamos cómo es tal o cual persona, lo que inmediatamente se nos viene a la mente es la lista de sus cualidades positivas y negativas. Esas cualidades se conectan con sus virtudes y defectos.

¿Qué deberíamos hacer, entonces?

Una vez más, la meta es Jesús.

¿Y cómo sabemos qué tipo de virtudes desarrollar?

La respuesta está en Jesús.

Mira lo que dice Efesios 4:13:

> *"De esta manera, todos llegaremos a estar unidos en la fe y en el conocimiento del Hijo de Dios, hasta que lleguemos a ser una humanidad en plena madurez, tal como es Cristo".*

Y ahora en la versión NVI:

> *"De este modo, todos llegaremos a la unidad de la fe y del conocimiento del Hijo de Dios, a una humanidad perfecta que se conforme a la plena estatura de Cristo".*

Cuando aquí se habla de "la estatura de Cristo" se refiere a sus virtudes, y esto nos da un indicio de crecimiento: es necesario crecer hasta llegar a su estatura, es decir, hasta desarrollar las virtudes que lo caracterizaron a Él. Nuestro caminar hacia la madurez es una travesía que debemos realizar con los ojos puestos en Jesús.

En la serie de libros *Proyecto Discipulado,* que escribí junto al Dr. Lucas Leys, en el libro de ministerio de jóvenes, justamente incluimos un capítulo titulado *"El desafío del carácter".* Allí mencionamos que los tiempos difíciles que atravesamos son usados por Dios para formar en nosotros un carácter firme, que no se doblegue ante las circunstancias. Como discipuladores, debemos estar atentos a las experiencias de vida que nuestros discípulos van atravesando, pues cada una de ellas puede ser usada de forma intencional para el proceso de formación de su carácter.

También escribimos allí que el desarrollo de las virtudes del carácter de Jesús en nosotros es la base o fundamento sobre la que se asienta la construcción entera de nuestra vida (ya que somos una casa espiritual). Sin virtudes del carácter no hay convicciones firmes, pues estas se vendrán abajo en cualquiera de nuestras áreas débiles.

Un discípulo sin carácter:

- No aceptará cuando se equivoca, por lo tanto, se convierte en alguien no enseñable.
- Será susceptible de caer en inmoralidad sexual, problemas de dinero o conductas adictivas secretas.
- No estará seguro de sus convicciones, por lo que fácilmente podría abandonar la fe o el llamado.
- Se llenará de defectos que le ahogarán hasta dejarlo seco espiritualmente.
- Confiará más en sus habilidades y conocimientos que en la guía del Espíritu de Dios.
- Descuidará las cosas más importantes como la familia, la salud física, mental, emocional y espiritual.

El carácter se adquiere modelando la conducta para alinearla a ciertos parámetros que, en nuestro caso, como hijos de Dios, están sujetos a la Escritura.

La Biblia dicta los parámetros de comportamiento que debemos seguir para poder desarrollar el carácter de Jesús. Un buen punto de inicio puede ser el decálogo de Éxodo 20. Te animo a que te tomes el tiempo para analizar esos mandamientos y encontrar qué virtudes podrías formar en tus discípulos de acuerdo a ese pasaje.

Aquí te dejo algunos pasos que pueden ayudarte a trabajar con tus discípulos sus virtudes y defectos:

VIRTUDES	DEFECTOS
1. Elijan una virtud del carácter de Jesús.	1. Identifica un defecto de carácter que tu discípulo necesite (y esté dispuesto a) trabajar.
2. Hagan un compromiso de esfuerzo en el área elegida. Debe ser algo anhelado.	2. Hagan un compromiso de fidelidad en el área elegida. Este compromiso es a largo plazo. El discipulador deberá acompañar y modelar la conducta.
3. Dale a tu discípulo un contexto de conocimiento en cuanto a esta virtud y cómo se manifestaba en la vida de Jesús. Muéstrale la meta.	3. Dale a tu discípulo un contexto de conocimiento en cuanto a ese defecto y lo que la Escritura dice al respecto.
4. Crea oportunidades prácticas para trabajar esta virtud en su vida. Puede ser durante los espacios de servicio, o en su trabajo, o practicando un deporte. Sé creativo.	4. Crea un sistema de rendición de cuentas que le permita a tu discípulo compartir contigo sus avances y luchas en el área elegida. Si ha fallado, anímalo a empezar de nuevo.

5. Evalúa con tu discípulo sus avances en esta área.	5. Evalúa con tu discípulo sus avances y felicítalo cada vez que sea oportuno. Anímalo a seguir adelante. No se trata de hacerlo sentir mal por sus fracasos, sino de motivarlo en sus pequeños éxitos diarios.
	6. Vuelvan a empezar.

Storytelling

Uno de los primeros valores que decidí trabajar en mi vida cuando me inicié en el camino de Jesús fue la veracidad. No es que fuera un mentiroso compulsivo, pero mentía... Mentía bastante, aunque antes no había caído en la cuenta de ello. Les mentía a mis padres, a mis profesores, a mis hermanos, a mis jefes y a mis compañeros de trabajo.

Cuando decidí seguir a Jesús escuché a uno de mis primeros pastores hablar sobre la importancia de decir la verdad siempre, aunque tengamos que enfrentar consecuencias por decirla. De todos modos, la mayoría de las mentiras que yo decía eran leves, insignificantes, de aquellas que suelen llamarse "mentiras blancas". Eran mentiras que no le hacían daño a nadie. O al menos eso pensaba.

Entonces comprendí que decir esta clase de mentiras también estaba mal.

—Te buscan afuera —decía el ejemplo que el pastor nos ponía siempre.

—Dile que no estoy —era la respuesta del mentiroso.

¿Qué daño podría hacerle a alguien el decir esa pequeña mentira? ¿Qué importancia puede tener?

Tal vez a nadie le importe, pero a Dios sí le importa. Fue cuando comprendí esto que tomé la decisión de cambiar.

Las primeras veces tenía que morderme la lengua para no mentir. Me costaba decir la verdad. *"Sí, aquí estoy"* era todo lo que debía responder, y atender a la persona que me buscaba. No debía importarme si era un vendedor, un testigo de Jehová o un amigo al que no quería ver. Debía atenderlo personalmente y no decir esa pequeña mentira.

Poco a poco me di cuenta de la libertad que sentía al decir la verdad, aun si por decirla me metía en aprietos por algo que había hecho (o no) en el trabajo. ¡Yo quería agradarle a Jesús más que a nadie! Y eso me convirtió en una persona mucho más confiable.

Así fue como el Señor fue esculpiendo en mi corazón la marca de la veracidad. No puedo decirte que ahora sea perfecto en esa área. Quizás todavía puede aparecer por allí un momento en que cedo a la tentación. Pero sí puedo decir que la veracidad es parte de mi carácter, aunque sigo luchando cada día porque no quiero perder esa virtud que he desarrollado.

¿Qué parte de tu testimonio personal puedes compartir con tus discípulos para formar su carácter?

Cada cosa que un discípulo experimenta en su vida está siendo usada por Dios para formar el carácter de Jesús en él.

Recuerda: cada cosa que un discípulo experimenta en su vida está siendo usada por Dios para formar el carácter de Jesús en él.

Posibles preguntas de los discípulos

¿Hay alguna virtud más difícil de desarrollar, o un defecto más difícil de vencer, que otros?

Depende de la persona. Para algunos será más fácil desarrollar la humildad, para otros la honestidad, y para otros la veracidad. Lo que es bastante simple para una persona puede ser muy difícil para otra. Pero todos podemos desarrollar las virtudes del carácter de Jesús si nos esforzamos, ya que siempre contaremos con la ayuda de Dios para lograrlo.

De la misma forma, todos los defectos se pueden vencer. Yo fui alcohólico por muchos años, y cuando Jesús me encontró, lo dejé de inmediato. Pero sé que a otros les cuesta más tiempo o esfuerzo dejar el alcohol, o el tabaco, o la mentira. Todos tenemos luchas diferentes, ¡pero todos podemos vencer gracias a Jesús que camina con nosotros!

¿Qué sucede si hay un defecto que no quiero tratar?

Ese defecto sobre el cual no quieres trabajar, o del que tal vez ni siquiera quieres hablar, probablemente esté ligado a otras áreas de tu pasado que te resulten difíciles o dolorosas. También podría ser que se trate de un hábito que se forjó en ti desde la niñez y piensas que será imposible de cambiar. El avance en esta área tendrá mucho que ver con la voluntad que tengas para cambiar esa conducta. Pero debes saber que tu discipulador estará allí para ayudarte cuando desees hacerlo, y que tiene las herramientas adecuadas para acompañarte a lo largo del camino. ¡Y no hay ningún defecto que no puedas cambiar con la ayuda de Dios!

Temas sugeridos

Para trabajar y profundizar en el proceso de formación del carácter de tus discípulos puedes explorar varios temas:

- Desarrollo de hábitos saludables.
- Enfrentando defectos.
- Disciplinas espirituales.
- Temperamento, carácter y personalidad.

Un excelente manual para trabajar las virtudes del carácter es el libro *Valores,* de Félix y Sara Ortiz.

CAPÍTULO 17

HAMBRE POR LA PALABRA DE DIOS

Liu Zhenying, o como le conoce la mayoría, "el hermano Yun", es un hombre apasionado por el evangelio. Encontró a Jesús a los 16 años, en 1974. Fue testigo de la crudeza con la que los creyentes en Jesús son tratados en su contexto cultural. En el libro El hombre celestial cuenta con detalle la historia de su vida y la propagación del evangelio en China desde su perspectiva, comenzando en una pequeña aldea de seiscientos habitantes en la provincia de Henan, que es una de las más pobladas del país.

El hermano Yun fue testigo de la sanidad milagrosa de su padre de cáncer, vio a toda su familia convertirse y empezar a seguir a Jesús, y vio a la gente de su comunidad llegar hasta su casa ávidos por escuchar del Salvador del que esta familia hablaba.

Cuando quiso conocer más de ese Jesús, le preguntó a su madre dónde podría leer las palabras y escritos acerca de Él. Su madre le contestó: "No. Todas sus palabras desaparecieron. No queda nada de sus enseñanzas". Le dijo esto porque en aquel tiempo había explotado la Revolución Cultural en China y había una prohibición de propagar Biblias. Nadie tenía ni un solo ejemplar de la Biblia, y la única forma en que podían hablar del evangelio era recordando lo que alguien les había predicado.

"Solo algunos de los creyentes ancianos recordaban haber visto una Biblia hacía muchos años. La palabra de Dios escaseaba en la tierra. Estaba hambriento por una Biblia".

Liu Zhenying – *El hombre celestial*

¿Sabes lo que es estar hambriento?

¿Qué harías tú en un mundo sin Biblias?

Tenemos demasiada comodidad y poca hambre.

A veces pienso que tenemos demasiada comodidad y poca hambre. ¡Es que en nuestra cultura actual, los alimentos están allí frente a nosotros todo el tiempo! Distintos tipos de alimentos. Y nos alimentamos de lo que sea. Comemos entretenimiento y bebemos emociones. Hay todo un buffet delante nuestro, y solo debemos extender la mano para escoger. Las facilidades que la tecnología de hoy en día nos ofrece nos han traído muchos beneficios, pero también algunas calamidades... y la peor de todas es la poca hambre. ¡Hemos dejado de anhelar la Palabra de Dios!

El libro más leído en todas las generaciones, el libro más vendido en todos los tiempos, la Palabra de Dios, viva y eficaz, está ahora al alcance de todos... pero ya no tenemos hambre de ella. Sabemos que la Biblia es importante, pero por alguna razón al cristiano promedio le cuesta tener hábitos de lectura bíblica.

Por eso me pregunto: ¿cómo podríamos hacer para crear en nuestros discípulos hambre por la Escritura?

Yo no soy de comer muchos mariscos, pero un día me invitaron a comer en un lugar que combinaba alimentos de la costa y de la sierra del Ecuador. En el menú me llamó la atención un plato que tenía por nombre "Risotto cremoso de frutos del mar". Probarlo fue una completa delicia. La experiencia fue tan fascinante que salí con el deseo de volver lo más pronto posible. El lugar era bastante costoso, así que no sería fácil cumplirlo. Sin embargo, luego de unos meses, un día tuvimos una cita con mi esposa y salimos a comer. Fuimos a un lugar de comida italiana, y allí estaba nuevamente en la carta el risotto cremoso. Ya le había contado a ella mi experiencia, y al verlo en la carta intenté motivarla a pedir ese plato, pero ella no quería el risotto, quería otra cosa. Cuando los platos llegaron, cada uno empezó a comer del suyo. Luego de unos cuantos bocados, extendí un poco del risotto a mi esposa para que ella lo probara. Cuando comió, sus ojos se abrieron, y luego de unos segundos dijo extasiada: "¡La próxima vez pediré el risotto!".

La única forma de ayudar a nuestros discípulos a amar la Palabra de Dios es haciéndoles sentir hambre de ella. Contarles nuestras propias experiencias con la Escritura, y luego darles a probar un poco. Y luego otro poco más. No deben ser letras frías, no debe ser comida rápida. Tiene que resultarles sabrosa y gratificante. Debes primero ayudarles a disfrutarla, y así es como llegarán a amarla.

> *"Escuchamos su Palabra como si fuera una hamburguesa que tiene que saber muy bien, pero poco nos interesa si realmente nos alimentará y será de provecho para nuestras vidas o nos convertirá en obesos espirituales acostumbrados a que nos lo den todo y ahora, y sin quemar ni un gramo de grasa espiritual".*

Alex Sampedro – *Igleburger*

Volviendo a la historia del hermano Yun, él vivió una serie de eventos milagrosos antes de recibir su primera Biblia. Cuenta que una noche tuvo un sueño donde unos hombres llegaban hasta su casa para regalarle una pieza de pan, y en el momento en que la comía se convertía en una Biblia. Sintió que fue algo tan real que, al despertar, gritó en su habitación clamando por poder tener un ejemplar de la Escritura. Mientras sus padres lo consolaban y oraban por él, llegaron unas personas y golpearon a su puerta. ¡Eran los hombres del sueño que traían un ejemplar de la Biblia para el hermano Yun! Ellos habían recibido instrucciones precisas de un evangelista de una aldea lejana, que había tenido una visión de cuándo y cómo entregar un ejemplar de la Biblia que había tenido oculto por mucho tiempo hasta que llegase el momento. ¡Era un regalo sobrenatural de parte del Dios Eterno!

"Abracé mi nueva Biblia contra mi corazón y me arrodillé fuera de la puerta. Di gracias a Dios una y otra vez. Le prometí a Jesús que a partir de ese momento devoraría su palabra como un niño hambriento".

Liu Zhenying – *El hombre celestial*

¿Qué te hace falta para despertar en tu vida el hambre por su Palabra?

¿Cómo harás para despertarlo en tus discípulos?

Storytelling

Tus experiencias personales con la Palabra de Dios son muy valiosas al momento de discipular. Usa todo aquello que Dios te haya mostrado en su Palabra para enseñar, redargüir e instruir en justicia.

Yo había leído la Biblia desde pequeño. En la escuela y en el colegio, en catecismo y en la misa. Sabía de qué se trataba. No era algo nuevo para mí. Sin embargo, cuando tuve mi encuentro personal con Jesús, me acerqué de una forma diferente a la Escritura. ¡Me di cuenta de que tenía un banquete disponible para mí en todo momento, y que lo había desperdiciado por años! Tenía la masa cruda, sabía las historias, pero aún no las había puesto en el horno. La comida estaba disponible para mí, pero no había estado dispuesto a comerla. Ni siquiera sabía que era comida para mi espíritu.

Al acercarme a Jesús, me convertí en un devorador de su Palabra. No solo la leía, sino que la estudiaba, me metía en ella, relacionaba textos de diferentes lugares para compararlos, hacía cosas que más tarde, cuando estudié en el seminario, entendí que eran estrategias de estudio bíblico. ¡El Padre me las iba enseñando solamente porque yo estaba ávido por aprender!

De pronto, me encontré enseñando a otros lo que había aprendido. No sabía demasiado, pero lo poco que aprendía lo compartía con los que estaban dispuestos a escuchar. Pude ayudar a gente en diferentes circunstancias de crisis. Me alimentaba y también podía alimentar a otros. Y fue a través del estudio de la Palabra que descubrí mi llamado.

La Escritura se ha convertido para mí en un baluarte, una columna que sostiene todo lo que hago. Cuando me piden consejo, al momento de tomar decisiones, para tomar una postura sobre un tema de conflicto, para aprender a ser padre, como entrenamiento de liderazgo... ¡la Palabra me ha sido útil para cada aspecto de la vida!

Recuerda: la Palabra es viva y eficaz, pero es muy importante tu disposición para estudiarla en profundidad. Si te dispones a leerla con regularidad, tendrás un buen hábito, pero será una espada sin filo. Nunca está de más considerar planes más formales de estudio bíblico.

Posibles preguntas de los discípulos

¿Puedo emplear uno de esos sistemas para leer la Biblia en un año?

Sí, es útil. Así tendrás en poco tiempo un panorama general de lo que la Biblia contiene. Pero ese es apenas el primer paso. Hay que profundizar más. Una buena idea es tener una Biblia de estudio, o algún material que te ayude en esto. También puede ser útil leer la Palabra y luego acudir a tu discipulador para hacerle preguntas y así entender mejor lo que vas leyendo.

¿Hay una versión específica que debería usar?

Hay varias versiones de la Biblia. Las versiones más actuales contienen un lenguaje más entendible para los nuevos discípulos. Sin embargo, todas pueden traer luz en el estudio de un pasaje en particular. Por eso, siempre que puedas, es bueno tener a mano varias versiones.

Temas sugeridos

Puedes ir un poco más allá con tus discípulos explorando algunos de estos temas:

- Canon bíblico.
- Historia de la Biblia.
- Análisis contextual de la Escritura.
- Idiomas bíblicos originales.

CAPÍTULO 18

ENSEÑA A TUS DISCÍPULOS A SERVIR AL MUNDO QUE DIOS AMA

Conocí a Stephany Tincopa en Perú, cuando visitábamos el relleno sanitario del distrito El Milagro, en la ciudad de Trujillo. Familias enteras vivían entre la basura, reciclando e incluso comiendo de los desperdicios. Con pocos recursos económicos, limitaciones logísticas y demás, Stephany fue para mí un ejemplo del amor práctico de Jesús. Llamaron al ministerio *"Elim"*, y era un verdadero oasis en medio del desierto. Yo me encontraba visitando Perú como parte de *Inca Link*, una organización a la que pertenezco y que ha levantado proyectos de servicio a los necesitados en varios países de Latinoamérica. Al llegar, vi una pequeña choza de caña rodeada de la arena desértica, en medio de la nada, y bajo un calor impresionante. Stephany estaba allí dirigiendo una clase bíblica para niños, los hijos e hijas de los recicladores del basural. Gente consumida por la pobreza, pero que estaba siendo impactada por el amor de Jesús.

En palabras de Stephany: *"El amor de Dios era evidente allí entre todos los que estábamos sirviendo. Se veía en la respuesta de los niños, en el hambre por recibir una lección bíblica. Dios puso en nosotros un amor sobrenatural para con ellos. Dios nos sacó de nuestra zona de confort para atender esa necesidad. Los voluntarios tuvimos que hacer varios sacrificios. Caminábamos por treinta minutos desde la avenida hasta el botadero soportando las inclemencias del clima, sacrificando nuestro tiempo libre, venciendo barreras sociales e invirtiendo todos los recursos posibles para lograr bendecir a este lugar".*

Para Stephany eran más que clases bíblicas. Era su vida, su pasión. En un lugar olvidado por el mundo, con un sinnúmero de familias dedicadas a su labor de recolección de reciclables entre la basura de Trujillo, esos niños no soñaban con grandes cosas. No pensaban en viajes, ni en juguetes, ni en un atuendo que luciera bien. La mayoría no tenían la esperanza de acceder siquiera a los estudios básicos. Con suerte podrían tener algo de alimento para el día. Y algunos días, ni siquiera eso.

Contemplar ese mundo y no hacer nada al respecto era algo que no estaba en los planes de esta joven muchacha ni del grupo de jóvenes que decidió ser parte del cambio.

Los que hemos estado ya algún tiempo en una iglesia, asistiendo a las diferentes reuniones y programas, nos acostumbramos a un tipo de organización enfocada en el servicio dominical. Los espacios de servicio más populares son cantar, tocar un instrumento o recibir a las personas en la puerta. Y todo eso está bien. Es necesario y alguien tiene que hacerlo. Pero no debemos olvidar que hay mucha necesidad en el mundo, fuera de las cuatro paredes de la iglesia. Y como dice Stephany: *"El amor de Dios nos llevó a hacer algo ante esa necesidad".*

Este capítulo gira en torno a un concepto que quiero que tomes en cuenta al momento de discipular a otros, o de ser discipulado por alguien más: debemos servir al mundo que Dios ama.

Todos los espacios de servicio son positivos, y Dios nos forma en ellos. Pero el servicio es más que poner nuestros dones y talentos a su disposición. Servir es pensar en el mundo que Dios ama.

¿Y cómo puede eso ser parte del discipulado?

Bueno, en Elim desarrollaron un sistema de discipulado impresionante. Dieron clases bíblicas a los niños durante varios años, pero luego esos niños crecieron y se convirtieron en adolescentes. Entonces vino esta idea del cielo: era el momento de que esos niños, que aprendieron durante tantos años, fueran ahora los encargados de dirigir las clases bíblicas para la nueva generación de niños. Así que los adolescentes se convirtieron en maestros, y los voluntarios más antiguos, como Stephany, se dedicaron a acompañarlos, entrenándolos como maestros. ¡Vaya forma de discipular!

Niños que no tenían esperanza de nada en la vida, luego de algún tiempo de recibir amor y enseñanza, ahora podían ver la mano de Dios en sus vidas y ser usados por Él. En la actualidad, varios de esos niños están esforzándose para entrar a estudiar en la universidad.

El servicio puede cambiar vidas. Y la iglesia existe para eso, para cambiar vidas. Y lo hacemos a través del discipulado.

"Muchos hermanos son de poca utilidad en el servicio al Señor porque no les gusta trabajar. Quieren menos trabajo, y si pueden, nada. Les falta la cualidad de la diligencia".

Watchman Nee – *El carácter del obrero de Dios*

¡Es preciso movilizar a nuestros discípulos a dejar la pereza! El Padre nos ha colocado a cada uno en un lugar y contexto diferente para que allí podamos ser de bendición. Esa debería ser una meta para todo discípulo de Jesús: preguntarse constantemente cómo puede amar y servir al mundo que Dios ama.

¿Qué ideas puedes imaginar tú para servir al mundo que Dios ama?

Las experiencias de servicio son ideales para el discipulado de acompañamiento. Tanto discipulador como discípulo enriquecen sus vidas a través del servicio a otros.

Proyecto Generaciones Esmeraldas

Ya que estoy hablando de servir, no puedo dejar de mencionar a los pastores Enrique y Caro Solano. ¡Ellos son un tremendo ejemplo de servicio! Son esa clase de personas que están dispuestas a ayudar en lo que sea. Son de esos que, si ven a alguien intentando empujar un auto averiado, se detienen para ayudar. Si alguien está llevando algo pesado, ofrecen su ayuda, sus manos, su tiempo. En las cosas grandes o pequeñas, allí aparecen siempre cuando se los necesita.

Ellos sirven en el ministerio *"En la casa de mi Padre"* en la ciudad de Quito, pero un día Dios movió su corazón y su mirada hacia un grupo de niños y adolescentes en una comunidad muy necesitada en la provincia de Esmeraldas, en la costa ecuatoriana. No necesitaron de una organización o de una iglesia grande para empezar a servir a esos niños. Compraron con sus propios recursos un terreno para poder reunir a los niños y sus familias y ofrecerles un poco de esperanza en medio de tanta necesidad. Cada vez que pueden (¡y eso es casi todas las semanas!) viajan a esa localidad para acompañar y discipular a ese grupo de gente que nadie tiene en la mira, ayudándoles en cuestiones de salud, educación, alimentación y hasta vestido. La meta final es sacarlos de la desesperanza y la destrucción integral que los rodea. Dios comisionó a estos siervos para que vayan a ese lugar. No son gente de mucho dinero o posibilidades, pero sí que son gente de mucho servicio y amor.

Esto es lo que estoy intentando decirte: que el discípulo verdadero no mide esfuerzos ni escatima recursos. Simplemente obedece al Padre, porque es más grande el amor que hay en su corazón por el mundo que Dios ama que lo que el mundo mismo pueda ofrecerle. Al fin y al cabo, estamos en este mundo solo por un poco de tiempo, y ese tiempo no se puede perder.

El mundo está lleno de necesidades, y para satisfacerlas es que Dios busca obreros, guerreros, soldados, que rescaten a los que están atrapados por la pobreza y el dolor y los devuelvan a la casa del Padre. Y siempre hacen falta más, porque las trincheras son muchas y los guerreros, pocos.

> *"Han sido los hombres, no Dios, quienes han inventado los potros de tortura, los látigos, las cárceles, la esclavitud, los cañones, las bayonetas y las bombas. La avaricia y estupidez humanas, no la mezquindad de la naturaleza, son las causas de la pobreza y el trabajo agotador".*
>
> **C. S. Lewis – *El problema del dolor***

Storytelling

Mi esposa y yo tuvimos la oportunidad de servir recibiendo grupos de misioneros de corto plazo en Casablanca, la casa de huéspedes de Inca Link. Mientras estábamos allí, Dios cautivó nuestro corazón con un proyecto que estaba a punto de empezar: una casa-hogar para adolescentes embarazadas. Por ese entonces, una revista ecuatoriana publicó un artículo en el que aparecía Ecuador como el segundo lugar en incidencia de embarazos adolescentes. ¡Qué difícil es estar embarazada y sentir que no tienes a nadie en la vida! Esta era una realidad que queríamos cambiar, sobre todo porque nosotros también fuimos padres adolescentes.

¿Y qué hicimos? ¡Asumimos el reto! Estuvimos al frente de Casa Elizabeth (ese fue el nombre que Dios nos dio para el lugar) por un período de tres años. El nombre era una referencia a Elizabeth, la prima de María, que estaba embarazada cuando María, la madre de Jesús, la visitó. Según dice la Escritura, la criatura saltó en su vientre al percibir la presencia del Salvador. ¡Eso era exactamente lo que queríamos para estas chicas desamparadas!

Tuvimos que ser padres, consejeros, cuidadores, cocineros y muchas cosas más para esas niñas. Algunas de ellas fueron dóciles y estaban dispuestas a ser parte de nuestra familia. Con otras nos costó mucho más. Pero en nuestro corazón ardía el deseo de ver a esas chicas teniendo una oportunidad de salir adelante y no abortar.

Hoy, trece años después de su creación, Casa Elizabeth sigue funcionando y siendo de ayuda para chicas que probablemente no verían una mano extendida en ningún otro lugar.

Y quiero dedicar este último párrafo para honrar el servicio de gente como Majo Erazo, entregando pan y colada a los hambrientos en la calle, la congregación La Viña con Oscar Palma, que siempre anda buscando cómo servir al mundo que Dios ama, la fundación Tacita Caliente, Mela Toledo y la fundación Casa Mis Sueños, que trabajan con víctimas de trata de personas. Son muchos los siervos y siervas que están haciendo una diferencia, y realmente no puedo mencionar aquí a todos, ¡pero de seguro tu podrás encontrarlos! Hoy en día es fácil buscar y encontrar a cualquier persona o ministerio en el mundo. ¡Haz tu parte!

Los verdaderos discípulos sirven al mundo que Dios ama.

Recuerda: los verdaderos discípulos sirven al mundo que Dios ama.

¿Ya has pensado cómo vas a discipular por medio del servicio?

Posibles preguntas de los discípulos

¿Cómo puedo saber dónde y cómo servir?

Hay muchas organizaciones que ya están haciendo una labor de servicio por los más necesitados, y es muy fácil contactarlas y unirte a cualquiera ellas. Por eso, tal vez sería bueno que le pidas ayuda a tu discipulador para elegir una, ya que la clave en esta etapa es que el servicio sea usado como una experiencia de discipulado que marque también tu propia vida de una manera especial.

¿Se deben buscar únicamente lugares cristianos para servir?

No, esta no es una regla. Usualmente los lugares cristianos ya están habituados a recibir visitas de iglesias y de creyentes, pero no son las únicas opciones. Puedes hacerlo también en lugares estatales o en iniciativas personales. ¡Cualquier lugar es válido cuando se trata de servir!

Temas sugeridos

- El servicio en la Iglesia del primer siglo.
- Jesús sirviendo a los necesitados.
- Jesús lava los pies de sus discípulos.

CAPÍTULO 19

INSTANTES DE GRACIA

El Padre siempre se está moviendo, y siempre está mostrándose de miles de maneras para que lo podamos percibir. Se muestra en la Creación, y nos habla a través de su Palabra, pero también por medio de personas y de otras maneras que solo escucha nuestro espíritu.

Hay que saber aprovechar esos momentos en los que podemos percibir la presencia manifiesta de Dios.

Hay que saber aprovechar esos momentos en los que, de alguna manera, podemos percibir la presencia manifiesta de Dios. Yo los llamo "instantes de gracia".

Son esos momentos en los que el Señor decide mostrarse de manera más palpable. Instantes que nos regala para aumentar nuestra fe, para sanarnos el alma, para abrirnos la mente, para cambiarnos el corazón. Instantes de zarza ardiente, de silbidos apacibles, de delicados pastos.

Los discipuladores debemos aprovechar también esos instantes de gracia que el Señor nos regala con nuestros discípulos.

Recuerdo una ocasión especial. Estábamos reunidos con nuestro equipo de liderazgo de jóvenes. Mi esposa Lucy y yo habíamos preparado algo diferente para esa reunión. No sería para capacitar, ni para planificar ni evaluar. Esa noche lavaríamos sus pies en señal de servicio, humildad y amor.

Primero nos tomamos unos minutos para explicarles la necesidad de servirnos los unos a los otros, de llevarnos bien, de amarnos genuinamente y de respetarnos aun en nuestras diferencias. Para esto usamos el pasaje de Jesús lavando los pies de sus discípulos. Luego sacamos recipientes, jarras llenas de agua y unas toallas. "Ahora lavaremos sus pies", les dijimos.

Y entonces vino la sorpresa.

La reacción fue diferente en cada uno. En algunos, la primera reacción fue una negativa rotunda: "¡No, a mí no me lavarás los pies!" (como Pedro). A otros les provocó risa, no una risa burlona sino más bien nerviosa. Varios se sintieron claramente incómodos con la idea. Nunca habían tenido una experiencia así.

Mientras observábamos sus reacciones, Lucy y yo seguíamos preparándonos con el agua y las tinajas, y les pedimos que hicieran una fila, las mujeres de un lado y los varones del otro. Ellos vieron que la cosa iba en serio, así que no tuvieron más remedio que hacerlo, aunque dudaban. Y nadie quería ser el primero.

La conmoción duró unos cuantos segundos que parecieron infinitos. Hasta nosotros nos pusimos nerviosos. ¡No habíamos pensado que este acto tan simple, tan bíblico, tan de Jesús, sería algo complicado para ellos!

Pusimos una canción de fondo y dijimos unas cuantas palabras. Y el primero de ellos se lanzó al ruedo. "¡Yo voy!", dijo, afirmando con su actitud que el asunto no era para preocuparse tanto.

Sin embargo, cuando el agua empezó a caer sobre sus pies, empezó a llorar. El Señor se dejó sentir en ese momento, y de todos ellos, uno a uno, brotaron lágrimas. No era un llanto de tristeza. Eran corazones conmovidos por la presencia del Padre en medio nuestro. Así lo hicimos con cada uno, orando por ellos mientras lavábamos sus pies, y terminando con un fuerte abrazo.

Fue un instante de gracia. ¡El Señor nos lo regaló! Fue hermoso, liberador, sanador. Verdaderamente nos sentimos como Jesús lavando los pies a sus discípulos. Y Dios nos visitó de forma especial ese día, solo porque así lo quiso. Hemos querido hacer algo similar en otras ocasiones, pero ninguna ha sido tan impactante como aquella vez. Un instante de gracia no se puede desperdiciar. Hay que estar atentos y meterse en esa ola de gracia cuando llega.

¿Has podido disfrutar momentos especiales o instantes de gracia como este?

Cada cierto tiempo, mientras mi esposa y yo éramos pastores de jóvenes, planificábamos retiros y encuentros con un énfasis espiritual. Algunos eran grandes, con muchos jóvenes tanto en el equipo como entre los participantes. Pero a otros encuentros decidimos hacerlos más íntimos. No más de quince o veinte personas. En un retiro de adolescentes en particular, habíamos invitado a los pastores Héctor y Lorena Plaza, que han sido nuestros mentores por muchos años. El tema del retiro era "El camino del perdido", y uno de los pasajes que les pedimos compartir fue la parábola del hijo pródigo.

Llegó el momento, y Héctor estaba listo para su charla. Se puso al frente y empezó a hablar. Mientras eso sucedía, Lorena me llevó a un lado y me dijo: *"Hay que hacer esto más vivencial. Tú vas a interpretar al hijo pródigo"*.

Ahora bien, usualmente no soy de los que se lanzan primero a hacer este tipo de cosas. No soy precisamente alguien con una capacidad histriónica, y aunque me gusta mucho el teatro y la actuación, siempre venció la vergüenza sobre mis ganas. Pero esta ocasión era diferente. Lorena me hizo sentir que era Dios mismo el que me lo estaba pidiendo, porque había un propósito detrás de esa actuación. *"Ve a ponerte algo sucio,"* me dijo, *"lo más sucio y oloroso que puedas"*. Mi esposa corrió a traer la cobija sobre la que dormían los perros fuera de casa. Me la coloqué encima y salí a escena. De pronto, algo me tomó, y como si fuera un actor experimentado, comencé a interpretar al hijo pródigo, sucio, maloliente y despreciable.

Héctor, que seguía dando su mensaje, entendió lo que está pasando, así que se detuvo y se alineó con la intención. Lorena empezó a improvisar conmigo un diálogo acerca de mi salida de la casa del Padre y de cómo había malgastado mi herencia. No recuerdo exactamente el diálogo, pero recuerdo que terminé arrepentido por haberme alejado tanto de casa y por haber estado comiendo junto a los cerdos.

De pronto, empecé a sentir una necesidad por ir al Padre. Y lo dije, ¡lo grité! Sentía un vacío en mi interior como si fuera realmente alguien que se había alejado de Dios y había tomado su propio camino. *"¡Déjame ir a casa, déjame volver, por favor, papá!"*, gritaba desesperado.

No estaba pensando en los chicos y chicas que estaban allí. Solo me dejé llevar. "Volveré a casa, necesito ir a casa", eso es lo que estaba pensando. Entonces Héctor apareció nuevamente en escena, y yo corrí hacia él y me lancé a su cuello llorando como un niño. Él lloraba también.

Nada de eso estaba planeado. Fue un instante de gracia.

Ese abrazo duró varios segundos, tal vez minutos. Cuando nos soltamos, vimos que la mayoría contemplaba la escena con sus ojos llenos de lágrimas. Incluso el equipo que nos acompañaba estaba quebrantado. ¡Todos necesitábamos volver a casa y nunca más alejarnos del Padre!

Recuerdo que uno de los líderes que eran parte del equipo se acercó a mí luego de terminada la reunión. Era de esos que no expresan sus sentimientos fácilmente.

"Me hiciste llorar", me dijo.

A lo largo de los años entendí que los instantes de gracia solo llegan cuando uno está dispuesto a recibirlos. No es que Dios esté a favor de unos y no se presente con otros, sino que está buscando personas dispuestas a ir más allá de su zona segura, a buscarle de todo corazón, a hacer cosas inusuales y dejarse usar por Él.

Storytelling

En este capítulo ya he contado dos historias así que no voy a añadir una tercera. Lo que sí quiero hacer es recordarte lo importante que es tu experiencia con Dios como testimonio para tus discípulos. Aquello que se vive es más fuerte y memorable que lo que el intelecto aprende.

Por eso uno de mis valores favoritos de **e625** es: "Experimentar a Dios es más importante que enseñar acerca de Dios". Porque lo que yo te enseño de Dios es posible que lo olvides, o que no lo entiendas, pero lo que vives con Dios es inolvidable, y aunque a veces puedas no entenderlo en el momento, Dios te irá enseñando quién es Él a través de esas experiencias, de esos instantes de gracia que te regala.

Esto es algo que debes lograr con tus discípulos. Que ellos puedan tener sus propias experiencias con Dios. Tú, como discipulador, eres quien monta el escenario, quien prepara el ambiente... y Dios siempre hace su parte.

Recuerda: experimentar a Dios es más importante que enseñar acerca de Dios.

¿Estás listo para provocar instantes de gracia para que tus discípulos puedan disfrutarlos?

Posibles preguntas de los discípulos

Si Dios está en todo lugar, ¿por qué no lo podemos sentir?

Bueno, Dios está en todo lugar, sí, pero su presencia no se hace manifiesta en todas las ocasiones. He aprendido que para poder percibirla se deben dar ciertas condiciones (hablé un poco de esto en este capítulo). Sin embargo, estas ocasiones especiales nos dan una certeza: Él siempre está allí. Por eso, este tipo de experiencias son útiles para afirmar nuestra fe, para que después no tengamos que vivir buscando experiencias, sino que podamos caminar con la certeza de que Él siempre está aunque a veces no lo podamos percibir.

Veo gente que se quebranta con facilidad, pero a mí eso no me ocurre. ¿Hay algo malo en mí?

Todos somos diferentes. Algunos son más propensos a quebrantarse que otros. Yo no soy de los que se quebrantan con facilidad, y por eso me impacta mucho cuando eso ocurre. Pero cada discípulo debe aprender la manera en que Dios se conecta con él o ella de manera personal. Dado que Dios es multiforme y tiene múltiples maneras de conectarse con sus hijos, nosotros debemos aprender a conocernos para así poder relacionarnos mejor con el Padre. Por supuesto, los instantes de gracia también pueden ser distintos a los casos que he mencionado. La clave está en poder distinguir la presencia de Dios manifestándose de manera especial. ¡Él es sobrenatural y debemos aprender a verlo en lo natural!

Temas sugeridos

No olvides que los temas en la lista que te dejo al final son tópicos que considero complementarios para mejorar el entendimiento sobre el tema principal expuesto en cada capítulo. No hay ninguna intención de imponerte una doctrina sobre ellos. Tú debes investigarlos de acuerdo a lo que en tu iglesia se predica. Un buen consejo es preguntarles sobre esto a tus pastores y líderes. De seguro ellos tendrán información que te resultará valiosa y será consistente con su énfasis doctrinal.

- ¿Qué es la gracia?
- ¿Qué es la gloria de Dios?
- ¿Cómo definir "avivamiento"?
- La llenura del Espíritu.
- ¿Qué dicen los diferentes énfasis doctrinales sobre el bautismo en el Espíritu?

CAPÍTULO 20

DESCUBRIENDO EL LLAMADO

Descubrir el llamado de Dios es clave para que un discípulo se mantenga alineado con el propósito para el cual fue creado. Pero descubrir nuestro llamado específico, perfectamente enfocado en lo que Dios desea que hagamos, requiere más que el aprendizaje de un concepto, e implica más que elegir un oficio de entre muchos en una larga lista de llamados.

El llamado no se elige, se descubre.

Vivir la vida cristiana sin tener claro el propósito y el llamado de Dios para nosotros puede limitarnos a vivir de manera simple y, probablemente, insatisfactoria. Obviamente, luego de descubrir el llamado, es necesario asumir la posición que cada discípulo tiene dentro del plan de Dios, dentro del mover de su reino aquí en la Tierra.

En las siguientes páginas vamos a explorar algunos conceptos que te ayudarán a ti como discipulador a descubrir y afinar tu propio llamado y, por consiguiente, también te servirán para ayudar a tus discípulos en sus propios descubrimientos.

El llamado general o universal

Seguramente hayas escuchado ese famoso pasaje de Mateo 22 en el que Jesús cuenta la parábola de la fiesta de bodas y termina en el versículo

14 diciendo: *"Porque muchos son los llamados, pero pocos los escogidos".* Gracias a esa sola línea, hay una gran cantidad de personas que creen que el llamado de Dios es exclusivo, y que solamente algunos tienen ese privilegio de "ser llamados por Dios". Sin embargo, no podemos aislar ese pasaje de otros que nos hablan de que Dios no hace acepción de personas (o, como leemos en versiones más actuales, "Dios no tiene favoritos").

Si Dios no tiene favoritos, eso quiere decir que Dios nos llama a todos. Este es el llamado general o universal que se expresa en varias instancias, como por ejemplo en este pasaje:

> *"Además, sabemos que si amamos a Dios, él hace que todo lo que nos suceda sea para nuestro bien. Él nos ha llamado de acuerdo con su propósito. A quienes Dios conoció de antemano, los destinó desde un principio para que sean como su Hijo, para que él sea el mayor entre muchos hermanos. Y a los que predestinó, también los llamó; y a los que llamó, también los hizo justos; y a los que hizo justos, los glorificó".*

Romanos 8:28-30

¡Dios nos llama a todos a ser sus hijos! Dios nos conoce desde antes que viniéramos al mundo, y nos ha predestinado a ser como su Hijo. Por eso Jesús es el ejemplo, el primero entre muchos hermanos. Sin embargo, no todos aceptan este llamado, y por consiguiente no todos pueden ser adoptados como hijos. Pero es importante saber, en primer lugar, que el Padre nos llama a todos. Y en segundo lugar, que Dios nos llama a todos a ser como Jesús.

El Padre también está buscando adoradores. Por tanto, todos hemos sido llamados a adorar. Y no, esto no se refiere a cantar o a ser parte del ministerio de alabanza y adoración. Se refiere a tener una relación íntima con el Padre en una actitud de sumisión, respeto y amor. Y no solo nos ha llamado para que le adoremos, sino para que lo hagamos en espíritu y en verdad. Así es como debería ser la adoración: guiada por el Espíritu Santo, y en forma verdadera (Juan 4:23-24). No puede haber una persona que se llame hijo de Dios y que diga que no ha sido llamado para adorar.

Hacer discípulos fue un llamado universal, y nadie puede decir que no es bueno para eso, o que "no siente" ser parte de ese llamado.

Otra parte de nuestro llamado general es a hacer discípulos. Este fue un llamado universal, y nadie puede decir que no es bueno para eso, o que "no siente" ser parte de ese llamado, básicamente porque Dios ha extendido ese llamado a cada creyente sobre la Tierra en todos los tiempos hasta que Jesús vuelva.

Para resumir:

Entonces, ¿quiénes son llamados a estos propósitos? ¡Todos y cada uno de los que hemos decidido seguir a Jesús!

El llamado ministerial

Este tipo de llamado es más específico y está ligado a un oficio ministerial. El apóstol Pablo en la carta a los Efesios nos habla de los oficios ministeriales.

> *"Y a algunos les dio el don de ser apóstoles; a otros, el don de ser profetas; a otros, el de anunciar las buenas nuevas; y a otros, el don de pastorear y educar al pueblo de Dios. Su*

propósito es que su pueblo esté perfectamente capacitado para servir a los demás, y para ayudar al cuerpo de Cristo a crecer".

Efesios 4:11-12

De este pasaje surgen los famosos "cinco ministerios" con los que usualmente nos movemos. Aunque en realidad sabemos que el ministerio es uno solo, podríamos decir que funciona a través de estos cinco oficios. Ninguno es más importante que otro, pues todos son esenciales para la labor del ministerio. El mismo Pablo se los dijo a los corintios cuando les hablaba del cuerpo. Ningún miembro es más importante que otro, y ninguno puede hacer la labor solo, pues necesita de los demás.

Veamos ahora cada uno con más detalle...

En el **ministerio apostólico**, el apóstol no es más que un enviado. Alguien que ha sido llamado por Dios para cumplir una tarea específica en un lugar de la Tierra. Generalmente se puede reconocer por su influencia sobre varias iglesias, por el respeto que se ha ganado en la comunidad cristiana local, o por ser alguien que ha salido de su contexto social y cultural para ir a donde el Padre lo ha llamado. Entiendo que la palabra apóstol ha generado malestar debido al mal uso que algunos le han dado... Dejaré esa interpretación a criterio de tu iglesia. Ya dije antes que aquí no entraremos en cuestiones doctrinales.

El **ministerio pastoral** apunta directamente al cuidado de la grey de Dios. Las iglesias les han otorgado a los pastores el liderazgo de la grey. Son buscadores de personas, y guías o compañeros espirituales.

El **profeta** es un mensajero que recibe un mensaje para impartirlo a una persona o a la congregación. Podemos notar que es un profeta de varias formas, pero sobre todo a través de su predicación. Y no, no es un adivino del futuro. El ministerio profético trae dirección al pueblo para mantenerse alineados con la voluntad del Padre (sé que también hay lugares donde la profecía puede ser mal usada... ¡Hay que acabar con los malos usos!).

El **evangelista** es un proclamador por excelencia. Su don es la palabra, y aprovecha todas las oportunidades posibles para presentar las buenas noticias de salvación.

El **maestro** es quien coloca el fundamento de la Palabra en la congregación. Estudia y se prepara para alimentar al pueblo de Dios con lo que ha recibido.

Todos estos oficios pertenecen al llamado ministerial. Algunos pueden ser convocados para servir a tiempo completo dentro de la estructura organizacional de una congregación; otros pueden ejercer la labor a pesar de no tener un título o cargo reconocido oficialmente. En realidad, el cargo lo proporciona el Señor en reconocimiento por la labor que la persona ya ha demostrado.

El llamado personal

Este llamado es el más específico de todos. Se asienta en los dones, talentos, habilidades y capacidades que una persona ha recibido de Dios y que ha logrado desarrollar a través del tiempo, pero ubicado en el lugar en donde Dios lo ha colocado, con sus experiencias vividas, inmerso dentro de su contexto social y cultural, y con sus potenciales anhelos y aptitudes.

La Biblia registra el llamado de Dios hecho de forma personal a algunos personajes; por ejemplo:

Moisés fue llamado a liberar al pueblo de la esclavitud en Egipto.

Jesús fue llamado a dar su vida en rescate por muchos.

Ester fue llamada a interceder ante el rey Asuero para la protección de su pueblo.

David fue llamado y ungido para ser rey de Israel.

Por supuesto, hay otros casos de personas que recibieron un llamado muy concreto. Por ejemplo, Pablo recibió un llamado para predicar a los gentiles, pero no fue el único que lo recibió. Luego de él, varios más tuvieron un llamado personal hacia los gentiles al igual que Pablo.

Algunos pueden ser llamados a financiar proyectos del reino de Dios a través de empresas, o levantando emprendimientos. A otros, Dios los llama a usar su profesión como herramienta de evangelismo. Otros son llamados a sostener en intercesión a pastores o misioneros.

Y hablando de misioneros, el llamado del misionero transcultural es salir de su hogar y nación para ir a una nueva cultura y allí predicar de Jesús. Algo similar, aunque para nada igual, es el llamado del misionero urbano, aquel que tiene carga por una tribu o un conglomerado específico de personas. Por ejemplo, llamado hacia los deportistas, hacia los lectores, hacia los intelectuales, hacia las madres solteras...

En fin, podemos tener un llamado específico que Dios nos hace de forma personal, basado en lo que somos, pues es Él quien nos creó, ¡y Él sabe para qué nos creó! Mediante el llamado personal Dios te puede colocar en el lugar que Él desea para cumplir el propósito para el cual has sido diseñado.

Storytelling

En mis primeros años como discípulo de Jesús, fui usado por Él para predicar a varias personas de entre mis amigos y compañeros de trabajo. Estaba cumpliendo mi llamado general como mejor podía. Pero en una ocasión me subí a un autobús en hora pico. Estaba lleno de gente. De repente empecé a experimentar un dolor en mi corazón por ellos. No conocía a nadie, ¡pero sentía su dolor! Lo conversé con mi pastor de aquel entonces, y él me dijo que esa podría ser una evidencia de un llamado al ministerio pastoral. Así fue. Poco después ya estaba trabajando como pastor de jóvenes para esa comunidad.

Unos años más tarde entendí que el Señor me quería usar no solamente como pastor de ese grupo, sino para entrenar líderes de nuevas generaciones a nivel local y nacional. Eso ya era un indicio de un llamado personal... así que me empecé a prepararme para eso, y conforme iba pasando el tiempo, ese llamado se fue depurando.

Lo último que sucedió fue hace algunos años. Mi esposa y yo estábamos en la cama a punto de quedarnos dormidos, y en ese momento tan pacífico, mi esposa se sentó de golpe sobre la cama, me miró y me dijo: "Tienes que volver a escribir". En ese instante volvieron a mi memoria los recuerdos de mi adolescencia como escritor aficionado. Tomé algunos cursos de escritura, y cuando me sentí preparado empecé a hacer propuestas editoriales.

Hoy me ves aquí.

Entendí que el Señor me quería escribiendo, y estoy escribiendo. Ya he podido publicar varios libros físicos y algunos digitales, artículos y varias iniciativas similares. El oficio de escritor se ha convertido en mi llamado personal para este tiempo, y es mi deseo afinarlo lo más posible para servir al Señor conforme a sus propósitos.

¿Has identificado ya tu llamado personal?

Posibles preguntas de los discípulos

¿Es posible que una persona no tenga un llamado personal sino solamente el general?

Lo que yo creo es que todos tenemos un llamado personal que se va descubriendo a medida que vamos afinando nuestros oídos espirituales para escuchar la voz de Dios y seguir la dirección que viene de Él. Posiblemente, el llamado personal tarde un poco en llegar, pues requiere de madurez de carácter y de espíritu para moverse en la voluntad de Dios (y difícilmente Dios le entregará un llamado a alguien que no esté dispuesto a madurar).

¿Qué sucede si nunca cumplo ninguno de los tres tipos de llamado?

Si eres un discípulo de Jesús, al menos estarás consciente de que has sido llamado a ser como Jesús, ¡así que ya estás dentro del llamado general! Sin embargo, encuentro cristianos que luego de haber puesto su fe en Jesús han permanecido inmóviles en cuanto al llamado. Esto no les quitará la salvación ni hará que Dios los repudie (recuerda que nada nos separará del amor de Dios en Cristo Jesús), pero de seguro vivirán un cristianismo religioso, más guiado hacia las costumbres que al crecimiento, y su vida espiritual probablemente será de mucha insatisfacción.

Temas sugeridos

Llegar a conocer el llamado general es cuestión de aprender lo que la Escritura dice y luego obedecerla. El llamado ministerial requiere un poco más de profundización y bastante consejo, guía y mentoreo. Y el llamado personal nace de la intimidad con Dios. De todas maneras, considero bueno poder ahondar en algunos temas como estos:

- El ejercicio de los dones espirituales y ministeriales.
- Diferentes clasificaciones de los dones.
- El ministerio de la reconciliación.

SECCIÓN 3

CONSEJOS PARA EL ACOMPAÑAMIENTO

CAPÍTULO 21

¿CUÁNDO Y POR DÓNDE COMENZAR A DISCIPULAR A ALGUIEN?

La pregunta referida a por dónde empezar es una pregunta que suelen hacerme con mucha frecuencia cuando hablo sobre este tema de hacer discípulos. Y esa pregunta suele venir acompañada de otras...

¿A quién elegir?

¿Cómo saber si es la persona correcta?

¿Y cómo saber cuándo es el momento adecuado para comenzar?

Empecemos por este último interrogante. Si nos referimos al momento adecuado para el *discipulador*, la respuesta es más sencilla: simplemente debes estar dispuesto. Si lo estás, entonces ya puedes empezar a discipular. Y si has llegado hasta este punto del libro, es porque realmente te interesa poner en práctica lo que has aprendido. Así que, ¡adelante!

Ahora bien, si nos referimos al momento adecuado para el *discípulo*, es necesario analizar algunas cuestiones más.

En líneas generales, si es alguien que está dispuesto, entonces ya puede empezar su proceso de discipulado. Pero es necesario analizar también otros factores.

Si es una persona que acaba de tener un encuentro real con el Padre, pero nadie la ha guiado aún a tomar una decisión por Jesús, entonces ese debería ser el primer paso. En otras palabras, si se trata de alguien que Dios ha puesto en tu corazón para discipular, pero que nunca ha hecho una decisión de fe ni ha mostrado con claridad quién es Jesús para él o ella, entonces deberías empezar por ahí. Hay que pescar a esa persona y presentarle al Jesús que todos amamos.

También puede ocurrir que una persona que ha sido creyente durante algún tiempo, ahora haya entendido que necesita ser discipulada por alguien. Eso es positivo, porque ratifica el hecho de que estamos cambiando la cultura de la iglesia. Pero eso nos obliga a aprender a tomar discípulos que no son "nuevos en la fe" sino que, si bien son creyentes, aún no han tomado pasos serios como para crecer en el conocimiento y en su relación con el Padre, y ahora desean hacerlo.

Volviendo al primer caso, debemos tocar aquí un tema clave: si es una persona que aún no ha puesto su fe en Jesús, ¿puede ser discipulada?

Esta pregunta es poderosa, y para responderla te propongo que vayamos juntos a la Biblia.

Los discípulos de Jesús eran gente con una herencia religiosa pero con poco conocimiento real del Dios verdadero. Esperaban un mesías, pero no tenían idea de lo que los escritos decían sobre él. Estaban completamente perdidos y no eran aptos para ser discípulos de nadie.

Luego llegó Jesús ... ¡y los eligió! Ellos no eran "creyentes" oficialmente hablando. No habían hecho una oración de fe, ni habían tomado una decisión trascendental sobe su vida espiritual. Sin embargo, Jesús los eligió... porque Él veía su futuro, y no solo su presente.

Por esto, yo personalmente entiendo que no existe un quién ni un cuándo determinados para empezar los procesos de discipulado. De hecho, con mis propios hijos ha sido así justamente. Ellos crecieron en un hogar en donde siempre se les habló de Jesús, pero su decisión de seguirle debe ser personal y no familiar ni por herencia. Sin embargo, esa libertad y esos tiempos personales de cada uno no me han impedido discipular a mis hijos. A pesar de la decisión que tomen en un futuro, o inclusive si un día decidieran abandonar la fe, ¡mi deber es y seguirá siendo discipularlos!

Entonces, ¿quién elige a los discípulos?

Bueno, como discipulador uno podría elegir discípulos pensando en cómo lo hizo Jesús. Ya vimos recién que no habían hecho lo que hoy llamamos "una oración de fe", pero debemos notar que los doce sí decidieron seguir a Jesús. Recordemos también que hubo uno que decidió no seguirle. Leemos esto en la historia del joven rico en el capítulo 18 del libro de Lucas. Jesús lo puso a prueba con un par de preguntas difíciles y él no pasó el examen, por lo que se alejó con tristeza.

También puede suceder que alguien se acerque a ti para pedirte que lo acompañes en sus procesos. A mí han llegado varias personas con una solicitud similar. A veces he logrado hacerlo, y otras veces no.

En todos los casos, pienso que el discipulado debe ser un acuerdo mutuo entre discipulador y discípulo que ambas partes deben respetar.

¿Puede suceder que el camino del discipulado quede a medias?

Sí, puede pasar. No es lo ideal, pero sucede. Algunas veces ocurre que los tiempos o las personalidades de cada uno, u otras circunstancias, provocan que una relación de discipulado no continúe. Aunque el discipulado es una práctica a largo plazo, cualquiera de los dos podría querer dejar las cosas a medio camino. También puede suceder que una persona o familia se muden a otro lugar y deban buscar otra iglesia. A veces la relación de discipulado a larga distancia puede funcionar, pero esta no es la regla. En la mayoría de los casos es mejor buscar otra persona que pueda hacer esa labor en el nuevo lugar del que serán parte. Al final, puede ser que tú plantes, y Apolos riegue, pero el crecimiento siempre lo da el Señor. Así que no temas remitir a tus discípulos a otros lugares para que puedan ser pastoreados y discipulados.

"Mi tarea fue sembrar la semilla, y la de Apolos fue regarla; pero Dios fue el que permitió que germinara. Aquí el que vale no es el que plantó ni el que regó, sino Dios que hizo germinar la semilla. El que siembra y el que riega tienen la misma categoría, si bien es cierto que cada uno recibirá recompensa

según la labor realizada. No somos más que colaboradores de Dios. Ustedes son el huerto de Dios, son el edificio de Dios".

1 Corintios 3:6-9

Analicemos ahora otra pregunta muy frecuente cuando hablamos de discipulado: ¿por dónde empezar?

> **Siempre hay que tener cuidado de que la meta no sea solamente un aprendizaje cognitivo.**

Hay diversos programas de enseñanza que pueden ser útiles para el discipulado, pero siempre hay que tener cuidado de que la meta no sea solamente un aprendizaje cognitivo, sin una relación con alguien que acompañe a ese discípulo, y sin ninguna vivencia clara de eso que se está aprendiendo. Debemos tener siempre presentes las tres facetas del discipulado: la cognitiva, la relacional y la vivencial. Una vez que tenemos esto claro, la mejor manera de iniciar procesos de discipulado es trabajar sobre estas dos cuestiones:

- *Creer*, que tiene que ver con la fe.
- *Confesar o reconocer*, que tiene que ver con la certeza.

Creer y confesar o reconocer, la fe y la certeza, son dos cosas que siempre se deben trabajar primero, para afirmar el discipulado sobre la Roca firme.

> *"Si declaras con tu boca que Jesús es el Señor y crees de corazón que Dios lo levantó de entre los muertos, Dios te salvará. Porque a quien cree de corazón, Dios lo da por justo; y a quien reconoce a Jesús, Dios lo salva".*

Romanos 10:9-10

La fe nace en el corazón y se mide en pasos, acciones y decisiones. La certeza se mide en convicciones formadas, criterio espiritual y firmeza. ¡Estos son los mejores primeros pasos para todo discípulo!

Recordando la alegoría de la semilla, sabemos que un discípulo debe considerar morir a su propio yo para poder seguir a Jesús. Eso significa estar dispuesto a hacer todos los cambios necesarios para agradar a Dios.

Ahora, usando la alegoría del árbol, te invito a diseñar un plan para cada discípulo que tengas:

Si te fijas bien, esto no es un plan de estudios, sino un esquema de procesos y experiencias que cada discípulo necesita vivir para ir encaminándose y creciendo hasta la estatura de Cristo. Tampoco es una lista con todos los temas que se deberían abordar, sino un bosquejo que te dará una idea de por dónde ir elaborando una ruta de acuerdo a lo que veas en tu discípulo.

Por supuesto que sería más fácil que yo te entregara un modelo y tú solo tuvieras que aplicarlo al pie de la letra, pero la realidad es que cada discípulo es diferente y va experimentando cosas diferentes en su caminar... De hecho, creo que uno de los motivos por los que los discípulos usualmente se estancan es porque los modelos de discipulado no tocan temas que resulten trascendentes para cada uno en particular, de acuerdo a lo que están viviendo.

Una última aclaración sobre este gráfico es que de seguro necesitaremos sanidad interior en otras etapas de tronco y de fruto, al igual que se requieren disciplinas espirituales para todas las etapas de crecimiento. ¡El Padre te irá mostrando cuáles son las mejores maneras de ir abordando cada tema y proceso con cada discípulo!

Recuerda: tu labor no es solamente enseñarles cosas, sino ayudarlos a experimentarlas, a vivirlas, a medida que tus discípulos van conociendo de manera personal al Dios Eterno.

CAPÍTULO 22

UN COMPROMISO RELACIONAL DE IDA Y VUELTA

Una relación siempre es de a dos. Esto parece algo obvio, ¡pero es un principio espiritual poderoso! Dios nos hizo partícipes y cocreadores junto con Él a través del milagro de la vida, y para eso se necesitan dos. Y el matrimonio es el ejemplo perfecto de la complementariedad que dos personas pueden lograr si siguen los principios de la Escritura.

Toda relación es un compromiso de ida y vuelta. Ambas partes se comprometen a dar todo de sí para que este acuerdo pueda llevarse a cabo en los mejores términos.

La relación entre padres e hijos, entre esposo y esposa, entre mentor y aprendiz, entre discipulador y discípulo... todos ellos son ejemplos de compromisos de ida y vuelta.

Pero no son los únicos ejemplos posibles. Hace unos años decidí darle fuerza a mi faceta de escritor. Seguí algunos cursos sobre narrativa, creación de personajes y universos, construcción de tramas, y todo lo referente a la escritura creativa de novelas y cuentos. Escribir ficción es muy diferente a escribir libros de entrenamiento, pero es un oficio que me llena sobremanera.

En uno de los cursos, el instructor nos dijo: *"Cuando tú escribes ficción existe un contrato tácito entre el escritor y el lector. El escritor se compromete a poner todo su esfuerzo para crear la mejor experiencia posible para el lector.*

De su parte, el lector se compromete a penetrar en la ficción que el escritor le propone. Hay una delgada línea que se rompe cuando uno de los dos falla en su compromiso. Si el escritor no se esfuerza para que su obra sea verosímil, puede perder el interés del lector, y si el lector se coloca en una postura demasiado crítica, puede perderse la oportunidad de experimentar una gran obra. Hay allí un balance".

De la misma forma, el discipulado es un compromiso relacional entre dos personas. Tanto el discipulador como el discípulo se comprometen a ser parte de este proceso. Incluso, si es necesario, ese compromiso se puede hacer con testigos.

Recuerdo cuando mi esposa y yo nos casamos. Ya he contado en otras oportunidades que fuimos padres adolescentes y tuvimos que casarnos de forma precoz. El día de nuestra boda en el registro civil, ella tenía 17 años de edad y yo 20. Siendo tan joven, no tomé en cuenta la importancia de ese acto. En mi mundo, el matrimonio civil era solo eso, un papel. Y como yo todavía no era un discípulo de Jesús, no había considerado el factor espiritual de este compromiso nupcial.

Mi futura esposa llegó con sus papás y su hermano mayor. Yo llegué solo. De pronto, el juez nos preguntó: *"¿Dónde están los testigos?".* ¡Ninguno de los dos habíamos traído testigos, pues pensábamos que solamente tendríamos que firmar un papel! Tuvimos que pedirle el favor a una persona que estaba en el lugar para que nos ayudara firmando el acta. ¡Así que en las fotos familiares de mi boda, aparece esa señora a quien nadie conoce!

Te cuento esto para que entiendas la importancia que tiene tener un compromiso (cosa que yo no tenía clara en ese momento), y todo lo que las partes tienen que invertir para poder tener éxito en el proceso, ¡incluyendo a los testigos, si es necesario!

Aquí te dejo, primeramente, algunas responsabilidades que el *discipulador* debe asumir como parte de este compromiso:

- **Ser intencional.** No puedes relajarte pensando que tu discípulo crecerá simplemente por ser parte de una iglesia. Debes involucrarte activamente en el proceso.

- **Predicar con el ejemplo.** Tu testimonio siempre será el primer modelo a seguir para tu discípulo. Si no ve a Jesús reflejado en ti, será difícil que crezca bien y que madure.

Tu testimonio siempre será el primer modelo a seguir para tu discípulo.

- **Prestar atención genuina al crecimiento del discípulo.** Esto implica preocuparte por aquello que le hace falta a tu discípulo, y para esto tendrás que investigar más, leer, consultar, pedir consejo, etc. ¡Debes esforzarte por ser el mejor entrenador posible!
- **Dar de su tiempo en una medida justa.** No existe discipulado sin inversión de tiempo. Jesús se tomó tres años para estar con sus discípulos (y hubiera estado más tiempo con ellos si la misión no hubiera sido ir a la cruz a morir). ¡Dar de tu tiempo es parte de tu compromiso!

Y ahora, algunas responsabilidades que el *discípulo* debe asumir para que la relación funcione:

- **Ser enseñable.** Nadie quiere trabajar con alguien que no está dispuesto a aprender. Eso es algo que el discípulo debe tener claro desde un inicio.
- **Esforzarse por cumplir sus pasos de crecimiento propuestos por el discipulador.** Nada desmotiva más a un discipulador que ver a sus discípulos no seguir ningún consejo o instrucción de parte de quien les acompaña.
- **Caminar en consejo para las decisiones difíciles.** Quien está siendo discipulado debe mantenerse

en una actitud constante de rendición de cuentas y solicitud de consejo.

- **Mostrar interés genuino en los procesos.** El desinterés se nota y es muy desagradable. Es mejor ser francos y buscar otras opciones que seguir a largo plazo con alguien a quien no le interesa caminar.

Cuando cualquiera de las dos partes falla en su compromiso, esto puede hacer que el discipulado se convierta en una tarea tediosa y difícil de continuar. Si el discipulador pone todo su esfuerzo, tiempo, conocimiento, estrategia, etc., pero no ve ningún resultado ni interés por parte del discípulo, le hará cuestionarse para qué perder el tiempo. Y del otro lado, si el discipulador se muestra apático, no invierte tiempo o no es coherente entre lo que enseña y lo que practica, de seguro su discípulo perderá el deseo de seguir adelante. Por este motivo, lo mejor es llegar a un acuerdo verbal previo, antes de iniciar un proceso de discipulado. Así evitaremos las molestias y frustraciones que surgen de una relación que no ha logrado establecerse de una forma adecuada para el propósito para el que fue creada.

CAPÍTULO 23

IDENTIFICA EL TIPO DE DISCÍPULO QUE TIENES

Todos somos diferentes. Dios nos ha creado con una esencia única para que podamos manifestar su multiforme gracia a través de nuestra individualidad. Y ya que todos somos diferentes, el discipulado también debe adaptarse a quiénes somos y cómo somos.

Una de las estrategias que te pueden ayudar a mejorar tu función como discipulador es identificar qué tipo de discípulo tienes delante. La siguiente clasificación tiene el ánimo de proveerte mayor claridad al momento de tratar con las diferencias de cada persona que el Padre te entrega para formar el carácter de Jesús en ella.

Académico

A esta clase de discípulo le gusta leer y buscar información. Cuando aún es inmaduro, puede ser que su tendencia sea a buscar los temas más controversiales, populares o llamativos. Pero conforme avance hacia la madurez, irá cimentando mejor su pasión por descubrir las verdades de la Palabra de Dios.

Para discipular al académico debes proporcionarle los textos y libros adecuados, y a la vez cuidar que no acepte toda la información que encuentra en internet como si fuera verdadera, pues no siempre lo es. Un ejemplo del tipo de libros que puedes usar es *Una fe que piensa*, que tuve la oportunidad de escribir junto a Alex Sampedro, y que ofrece una respuesta espiritual e inteligente ante dilemas clásicos de la filosofía. Materiales como este son excelentes para esta clase de discípulos. Intenta también con temas de apologética, de historia bíblica, de teología y cosas similares.

Emotivo

Esta clase de discípulo es una persona que tiene muy sensible su área emocional. Esto no es malo. Al contrario, su sensibilidad puede ser útil para encontrarse con Dios de forma personal. Sin embargo, debe ser guiado a madurar en sus emociones para que estas no lo controlen (y por si acaso lo estabas pensando, *no*, este tipo de discípulo no es siempre femenino. Los varones también pueden ser sensibles y emotivos).

Para discipular a este tipo de discípulo hay que saber escuchar. Debes ofrecerle tu tiempo para que se pueda desahogar cuando sea necesario. Sé paciente, y ayúdale a equilibrar sus emociones para que no se salgan de control. Quizás debas leer algún material que te ayude para esto. El libro *Emociones sujetas a Dios*, de Karen Quiroz, te puede resultar muy útil.

Ferviente

Cuando un discípulo está completamente enfocado en buscar la presencia de Dios, encontrarás que su espiritualidad es ferviente. Algunos alrededor tal vez puedan tacharlo de ser demasiado vehemente, pero cuando su intención es genuina, verás que lo único que busca es conectarse de forma profunda con Dios.

Para discipular al ferviente es bueno encontrar las disciplinas espirituales que le puedan ayudar a mejorar su conexión con el Padre. Para esto, pueden serte útiles libros como *Con todo lo que soy*, de Esteban Solís y Cris Acuña, y *Amar es para valientes*, de Itiel Arroyo.

Narrativo

Este tipo de discípulo gusta de las historias. De todo un mensaje de una hora, lo que más le quedará grabado son las experiencias narradas. En cuanto a la Biblia, disfrutará mucho las parábolas y las narraciones históricas.

Para discipular al narrativo puedes emplear como herramientas todas las formas que existen de contar historias. Películas, series, libros... todo sirve. Incluso sirven las canciones y cualquier otra forma de narrar una experiencia personal. Pero recuerda buscarle una aplicación espiritual a cada una de ellas.

Un libro que puede resultarte útil es *Alguien te espera*, de Keila Ochoa Harris. Aunque está diseñado para chicas, puedes hacer tu propia adaptación para trabajar también con varones.

Introspectivo

Esta clase de discípulo logra sus mayores avances en los procesos reflexivos que realiza de forma personal. Si bien las conversaciones y la información que le proporciones le serán útiles para su avance, necesita de momentos en los que pueda meditar tranquilo y en profundidad sobre lo que está recibiendo.

Para discipular al introspectivo, guíale a tener tiempos a solas y retiros personales, pero con tareas específicas que cumplir. También pueden ser útiles las conversaciones profundas que puedas tener, que lo lleven a la reflexión personal. El libro *Jesús es la pregunta*, de Alex Sampedro, te puede venir muy bien para este tipo de discípulo.

Pragmático

Este tipo de discípulo lo ve todo desde el punto de vista práctico. No le gusta quedarse solamente con la teoría. Mientras escucha un mensaje, usualmente se estará preguntando para qué le será útil la información que está recibiendo o lo que le están pidiendo que haga.

Entendiendo que es alguien que le dará prioridad a las cuestiones prácticas, probablemente quedará insatisfecho si solamente recibe información a la cual no le encuentra utilidad.

A este tipo de discípulo le viene bien el servicio. Preséntale ideas de cosas que puede hacer para cambiar la realidad circundante. Muéstrale cómo puede ser parte activa de la obra de Dios en el mundo. Ayúdale a no confundir su pragmatismo con apatía o desdén. Analiza junto con él o ella los espacios de servicio que pueden beneficiarle para lograr crecimiento y satisfacción personal.

A este tipo de discípulo le agradan los procesos bien establecidos. Los libros de lecciones como *Proyecto Discipulado* le pueden atrapar y serle de gran ayuda.

Creativo–imaginativo

Este tipo de discípulo requiere un pensamiento "fuera de la caja". Es de aquellos que experimentan a Dios a través de las artes, la naturaleza y esa clase de experiencias. No dudes en llevarle a obras de teatro, conciertos, salidas de campo, montañismo y otras actividades por el estilo.

Trabajar con este tipo de discípulos requiere de nosotros, como discipuladores, la capacidad de crear espacios alternativos para discipular. El material de *Los libros de la Biblia explicados en gráficos*, de Lucas Leys y Emanuel Barrientos, puede ser muy útil para el creativo-imaginativo.

En la práctica diaria de hacer discípulos, las estrategias deben ir cambiando para cada persona que decidimos acompañar.

Por supuesto, las clasificaciones podrían ser muchas más, ya que existe una gran diversidad de personas. Y en la práctica diaria de hacer discípulos, las estrategias deben ir cambiando para cada persona que decidimos acompañar. El discipulador sabio aprende a encontrar las distintas maneras en que un discípulo aprende, para poder exponerlo intencionalmente a ellas. De esa manera, aprovecha al máximo los recursos que el Padre ya le ha otorgado, y utiliza las características particulares de cada discípulo para ayudarle a crecer y madurar en la fe.

CAPÍTULO 24

DEFECTOS Y DEBILIDADES POR CORREGIR EN LOS DISCÍPULOS

Indudablemente, todos tenemos defectos. Nadie es perfecto, aunque vamos en camino de formarnos a imagen del varón perfecto que es Jesús. Por eso, a medida que vamos identificando las debilidades de nuestro ser, es necesario aprender a batallar contra ellas.

Aquí te dejo una lista de algunos defectos que probablemente te vas a encontrar en varios de tus discípulos y, de paso, una serie de consejos para poder enfrentar las diferentes circunstancias que se presentarán con ellos.

El discípulo de doble ánimo

Puede llegar a ser muy frustrante para el discipulador encontrarse con discípulos que un día están allá, en lo alto, pero que al día siguiente no quieren saber nada de Dios. O que en un momento están muy animados, pero ante cualquier adversidad se desalientan y sienten que no pueden seguir adelante.

Para ayudar a un discípulo de doble ánimo, enfrenta su situación directamente. Hazle saber que has detectado este problema en él, y que es necesario trabajar en su estabilidad y voluntad.

El discípulo inseguro

Cuando un discípulo no ha sido afirmado en su autoestima, esto puede repercutir en su fe también. Aunque para todo discípulo que empieza a seguir a Jesús puede ser difícil tener la seguridad de que está siendo direccionado por Dios, conforme pasan los días lo lógico es que vaya tomando firmeza en su criterio, pensamiento y fe. Sin embargo, cuando un discípulo es inseguro, esta condición se puede extender por mucho tiempo... Incluso hay algunos que luchan con sus inseguridades por años.

Estas inseguridades se pueden manifestar de diferentes maneras:

- El discípulo no se siente apto para las cosas de Dios.
- Puede ser que reciba instrucciones claras de la Palabra, pero no puede percibir a Dios hablando a su vida.
- Muy a menudo lucha con la indecisión, la cual se hace evidente sobre todo en asuntos críticos y urgentes.

Para ayudar a los discípulos inseguros hay que insistir en afirmarlos. Las palabras de afirmación con respecto a su identidad, a sus dones, talentos, habilidades, etc., siempre son importantes para darle seguridad a alguien que carece de ella.

El discípulo argumentativo

Esta suele ser una mala costumbre que algunas personas desarrollan a lo largo de su vida, y que al momento de ser discipulados salen a la luz. Cuando se les da un consejo, que puede ser muy bueno, siempre tienen un argumento para no aceptarlo. Cuando se les ofrecen soluciones o salidas, siempre aparece una "buena razón" para ir por otro lado.

En el fondo, este tipo de discípulos están lidiando con la terquedad. La Biblia suele llamarlos *necios*. Esa es una palabra fuerte que no quisiéramos usar con nadie, pero cuando estamos discipulando a alguien es necesario confrontarlo con amor.

Para ayudar a los discípulos argumentativos, hay que hablar de frente y sin tapujos. Hay que exponer al discípulo para que vea su condición, aunque probablemente al principio no la acepte y tenga otro argumento más... Sin embargo, si logra vencer su propia terquedad, encontrando la forma de adquirir la humildad de Jesús en su vida, entonces podrá ser un discípulo inteligente y estratégico.

El discípulo herido

Las heridas no sanadas suelen ser un factor limitante en el desarrollo de un discípulo. Es difícil establecer el carácter de Jesús en nuestras vidas si hay falta de perdón, resentimientos, rencores o amargura. Un discípulo en estas condiciones, que además no se atreve a tratar sus heridas para que sean sanadas, puede convertirse en alguien vengativo, iracundo, reactivo e inestable en cuanto a sus emociones.

Para ayudar a un discípulo herido, es necesario guiarlo para que pueda atravesar los procesos de sanidad interior. Resolver cuestiones relacionadas con el perdón y otros temas emocionales puede resultar ser un evento refrescante, que logra despertar en el discípulo una sensación de libertad que antes no había experimentado. También puede abrir nuevas puertas en su relación con Dios y con otras personas.

El discípulo rebelde

Cuando escribí la palabra rebelde me provocó algo de risa, porque la adolescencia y la juventud son tachadas muchas veces de "épocas rebeldes". Y no, no quiero usar el término desde una perspectiva religiosa o puritana. Me quiero referir más bien a esa clase de discípulos que no son enseñables. Esos que, aunque verdaderamente desean seguir a Jesús y han puesto su fe en Él, les cuesta reconocer a las autoridades puestas por Dios. La mayoría de las veces, esto se origina en asuntos que quedaron pendientes en sus primeras experiencias con relaciones de autoridad, como padres o maestros, y trasladan eso al evangelio y a la vida de la iglesia.

No es fácil tratar con esta clase de personas. En mi experiencia, la mejor manera de tratar a un discípulo que tiene problemas con la autoridad es mostrándole un amor incondicional como el de Jesús. Él tuvo varios de esos discípulos que querían hacer su propia voluntad sin ajustarse a lo que Jesús les enseñaba. Y sin esa clase de amor, el discipulador puede llegar a enemistarse con ese discípulo, y es muy triste cuando eso sucede. Lo sé porque me ha pasado...

Algo que puede ser muy útil para trabajar con este tipo de discípulos es aprovechar sus momentos de crisis o pérdida. Muchas veces, esos momentos son usados por Dios para quebrantar el alma de la persona, y así poder llegar a ese corazón endurecido. Pero debemos hacerlo siempre, siempre, con mucha sabiduría.

El discípulo Peter Pan

Peter Pan es ese niño del país de Nunca Jamás que nunca quiso crecer. Y hay discípulos que son así, inmaduros. A pesar de que hace mucho conocen al Señor, necesitan atención permanente y alguien que esté siempre detrás de ellos (la Escritura dice que todos deberíamos tener un corazón puro como el de un niño, pero no se refiere a conductas infantiles o a actitudes de inmadurez).

Para ayudar a los discípulos Peter Pan hay que enseñarles a crecer. Se necesitará un corazón de padre o madre espiritual, que tenga la carga y el anhelo de ver a sus hijos espirituales madurando, tomando decisiones sabias, y logrando la independencia soñada.

Tu meta como discipulador será identificar aquello que tu discípulo debe trabajar y luego pedirle al Señor sabiduría para descubrir la mejor forma de ayudarlo.

Por supuesto, la lista podría continuar... Podríamos mencionar al discípulo con máscaras, a la víctima, al incrédulo, al cómodo... En cada caso, tu meta como discipulador será, primeramente, lograr identificar aquello que tu discípulo debe trabajar. Y luego pedirle al Señor sabiduría para descubrir la mejor forma de ayudarlo.

Jesús lo hizo de esa manera. A veces tenía un trato suave y amoroso, otras veces un trato firme, y unas pocas veces tuvo que hablar con mucha autoridad para corregir ciertas actitudes.

Por último, debes saber que habrá cosas que tus discípulos lograrán vencer, otras que les costará muchísimo, y quizás habrá algunas que nunca logren vencer. Aun en esos casos, tu deber es amarlos y acompañarlos mientras el Padre los siga teniendo juntos en este caminar del discipulado.

¡Ánimo!

CAPÍTULO 25

GÁNATE EL DERECHO
A SER ESCUCHADO

Cuando mi hijo Mateo tenía alrededor de 15 años, tuvo un fuerte acercamiento a la Filosofía. Ya un par de años antes había empezado a tener algunos cuestionamientos sobre la Biblia y la fe. El caso es que cuando él llegaba hasta mí con sus preguntas, mis reacciones siempre eran ásperas. No porque así fuera mi carácter, sino porque sus preguntas me parecían poco razonables, y en algunos casos hasta insolentes. ¡No entendía cómo era posible que un muchacho que había crecido en un hogar cristiano, cuyos padres eran pastores de buen testimonio, y que nunca había sufrido ningún evento traumático ni le había hecho falta nada, podía hacerse tales preguntas!

Y claro, la consecuencia lógica de mis reacciones fue que él quisiera acercarse cada vez más a esas ideas que revoloteaban en su cabeza. Para cuando cumplió los 15 años ya estaba dudando de su fe y barajando la posibilidad de tomar el camino del ateísmo.

¡Sentía que estaba perdiendo a mi hijo! Fue entonces cuando intervine, otra vez de forma abrupta, y quise cambiar a la fuerza todo lo que ya se había alojado en su mente y en su corazón. Intenté pensar en toda clase de estrategias para poder acercarme a él. Sin embargo, en cada conversación chocábamos, y nunca llegábamos a acuerdos. Yo me ponía nervioso cada vez que sacaba su postura filosófica, y así él se alejaba más de mí y, por consiguiente, de Dios.

Quiero decirte que Mateo no era un muchacho malo (aunque sé que todos los padres dicen eso de sus hijos). Él siempre fue alguien muy dócil, tranquilo y colaborador. Pero en ese tiempo parecía que en verdad era otra persona.

Afortunadamente un día, en uno de esos choques de gracia celestial, decidí cambiar de estrategia. Si todo lo que había intentado, los argumentos que tenía y las respuestas que daba no llegaban a ningún sitio, entonces era tiempo de probar algo diferente. En ese momento vino una frase a mi mente: *"Gánate el derecho a ser escuchado"*. ¡Estoy seguro de que el Padre, en su infinita gracia, puso eso en mi mente para cambiar mi forma de pensar!

¿Qué hice entonces? Me senté por horas a escuchar lo que Mateo tenía que decir. Me molestaban varios de los argumentos de los pensadores que él citaba, pero me concentré en entender en lugar de reclamarle. De pronto, me empezaron a surgir respuestas mejores. Cambiamos el conflicto por el diálogo y nos empezamos a entender. Poco a poco yo me iba ganando un espacio para debatir, sin ánimo de ofender o de ganar, sino de lograr conclusiones que nos satisficieran a ambos. No siempre se lograba, pero las conversaciones eran riquísimas y los dos las disfrutábamos.

Un día, luego de una plática muy enriquecedora, surgió una idea: ¡deberíamos poner estas conversaciones en un libro! Así fue como nació el libro *Una fe que piensa*, buscando ofrecer respuestas espirituales a los dilemas filosóficos que Mateo estudiaba. Lancé la propuesta, y e625 la aceptó. Para escribirlo me uní en colaboración con Alex Sampedro, para así lograr una mejor interacción en la propuesta.

¿Y cómo terminó el asunto? Mateo no abandonó la fe. En verdad, nunca tuvo la intención de abandonarla... pero mis actitudes lo estaban apartando de ella.

Con todo lo que sucedió, él aprendió más de la Biblia y de Dios. Y yo aprendí una de las lecciones más importantes que hoy comparto contigo: debemos ganarnos el derecho a ser escuchados.

¿Cuáles son algunas pautas para lograr ganarte ese derecho?

- **Practica la escucha activa.** La escucha activa es una técnica terapéutica centrada en la persona. Implica que el terapeuta pueda desarrollar una actitud de atención total para entender la experiencia subjetiva del paciente. Si lo aplicamos al discipulado, sería algo como lograr la suficiente empatía y misericordia como para entender profundamente al discípulo, y así poder no solo comprender su dilema sino poder aportar soluciones prácticas sin atentar contra su tranquilidad.

- **Sé paciente.** Los procesos toman su tiempo. Escuchar también. Evita el defecto común que tenemos todos los que trabajamos con personas, que cuando estamos oyendo a la persona, ya estamos pensando en la respuesta, en lugar de esperar con paciencia a que termine de explicarse, o que se desahogue y suelte todo lo que tiene adentro. Intenta entender de verdad a tu discípulo. Y ten en cuenta que eso tomará tiempo...

- **Valora las opiniones de tus discípulos.** Considera que tu discípulo también piensa. Y ya que es una persona pensante, no puedes evitar que tenga ideas o saque conclusiones. Algunas veces serán contrarias a las tuyas, pero igualmente seran válidas. A veces, incluso, dos opiniones aparentemente opuestas pueden ser ambas correctas, dependiendo de la perspectiva de su análisis. Formar a un discípulo no es decirle qué pensar, sino enseñarle a pensar.

Formar a un discípulo no es decirle qué pensar, sino enseñarle a pensar.

- **Evita la polémica.** Tu labor como discipulador debe ser realizada con mucha madurez espiritual y emocional. Crear espacios de conflicto no servirá para acercar más a tu discípulo, sino más bien para alejarlo. Cuando aparezca un tema en el que hay discordancia entre las opiniones de ambos, a veces puede ser mejor tratarlo con un tercero, con una persona sabia que ambos respeten. Normalmente eso disminuirá un poco la tensión y evitará conflictos innecesarios.

- **Aprende a callar.** A veces nos acostumbramos tanto a decir cosas que olvidamos que nuestros discípulos también necesitan expresarse. Ellos no hablarán jamás si el que discipula nunca se calla la boca. Yo tuve que aprender a callar y a escuchar sin elaborar una respuesta antes de tiempo. En la práctica, te darás cuenta de que a veces el discípulo no está pidiendo tu opinión, sino que solo desea ser escuchado.

Quizás como advertencia final sobre este tema, te diría que tengas cuidado de pensar que porque ya te ganaste el derecho a ser escuchado, entonces todo el tiempo tendrás carta abierta. A veces un discípulo no está de ánimo para recibir lo que venga de nadie. Así que hay que aprender a medir el estado emocional y relacional de nuestros discípulos, para poder acompañarlos de mejor manera en cada una de las etapas que vayan atravesando.

CAPÍTULO 26

PREGUNTAS PODEROSAS PARA EL ACOMPAÑAMIENTO

De todas las técnicas y estrategias de acompañamiento que existen, personalmente creo que una de las más efectivas es la de hacer preguntas. Las preguntas disparan conversaciones, y si son buenas preguntas pueden generar diálogos muy interesantes durante los procesos del discipulado.

¿Por qué te lo cuento? Porque saber esto nos pone en una posición muy aventajada. Muchas veces, los que estamos en la línea del liderazgo, de la enseñanza, del discipulado, del acompañamiento y del mentoreo, nos sentimos urgidos a tener las mejores y más claras respuestas para toda clase de cuestiones que a aquellos a quienes estamos enseñando se les puedan ocurrir. Y en tanta desesperación por tener todas las *respuestas correctas*, solemos olvidar lo útiles que pueden ser las *preguntas correctas*. De hecho, creo que el discipulado sería potenciado al máximo si tan solo cambiáramos la forma de acompañar a nuestros discípulos, haciéndoles más preguntas.

Aquí te dejo algunos ejemplos:

EN LUGAR DE DECIR ESTO...	PODRÍAMOS PREGUNTAR ESTO...
Tu fe está menguando, debes aumentar tu fe.	¿Cómo crees que podrías aumentar tu fe?
Jesús quiere que seas obediente a la Palabra de Dios.	¿Qué cosas de la Palabra de Dios te cuesta obedecer?
El orgullo es un defecto horrible del carácter. Sé humilde.	¿Por qué crees que te cuesta ser humilde en esto?
No deberías tener una relación amorosa a esta edad.	¿Crees que estás listo emocionalmente para una relación amorosa?
Estás en una actitud de falta de perdón, y la Biblia dice que debes perdonar.	¿Qué crees que te está impidiendo sentirte listo para perdonar a esa persona?

¿Por qué funcionan mejor las preguntas? Porque cuando lanzamos una frase declaratoria, esta puede percibirse como una acusación directa (y, seamos sinceros, muchas veces lo es), y esto pone a la gente a la defensiva respecto del tema. Lo más probable es que la persona, como se siente acusada, se cierre, y no sea capaz de aceptar lo que le están diciendo, aunque sea la verdad. Decir algo similar pero en forma de pregunta puede llevar al discípulo hacia la reflexión, con una actitud de búsqueda de respuestas, y sin hacerlo sentir que está siendo acusado o atacado. Recuerda: la mayoría de las veces tiene un mejor efecto que la gente encuentre la respuesta dentro de sí misma y de parte de Dios. Esto suele ser mejor a que reciba una respuesta tuya, aunque sepa que eres una persona sabia y que de seguro está muy bien lo que has dicho.

Las preguntas también demuestran un interés genuino en la persona. Nadie te haría preguntas incómodas si no se interesara por ti, ¿verdad? (pero de todos modos, ya que te atreves a preguntar, declara expresamente que en verdad la condición de la persona es importante para ti).

Recuerdo con mucho cariño a mi amigo Juan Carlos Cevallos. Es de esa clase de personas en quien puedes confiar de verdad. Juanca tenía facilidad para hacer "preguntas incómodas". Esa clase de preguntas que no le quieres responder a cualquier persona. Él no tenía pelos en la lengua, así que no dudaba en decirte lo que necesitabas oír, pero siempre demostraba un interés genuino por tu persona. Al menos así me sentía yo. Nos reuníamos periódicamente solo para hacernos las preguntas difíciles y poder acompañarnos el uno al otro en nuestras luchas, éxitos y desánimos. ¡Juanca, si estás leyendo esto, te digo que me hacen falta esas reuniones!

Si estás discipulando a alguien con quien tienes reuniones periódicas para rendir cuentas, es una buena idea tener una lista de preguntas previamente definidas para tocar los temas más relevantes en el proceso de discipulado. Un buen banco de preguntas podría nacer del siguiente verso:

"Ama al Señor tu Dios con todo tu corazón, con toda tu alma, con toda tu mente y con todas tus fuerzas".

Marcos 12:30

De aquí se desprenden cuatro áreas básicas en la vida de toda persona. Y de ellas se desprenden, a su vez, cuatro preguntas clave:

1. ¿Cómo están tus relaciones afectivas más importantes? (corazón)
2. ¿Qué emociones positivas y negativas estás experimentando en estos días? (alma)
3. ¿Tienes pensamientos recurrentes que te quitan la paz, o ideas pecaminosas? (mente)
4. ¿Estás cuidando tu cuerpo, ocupando sabiamente tu tiempo y recursos? (fuerzas)

Por supuesto, estas son ideas. No son preguntas fijas. Las puedes ir cambiando de acuerdo a las necesidades e intereses de cada discípulo, y también de cada proceso.

Estas preguntas sirven para rendir cuentas de cosas generales, pero conforme avanzan las respuestas, nos acercaremos a cosas más íntimas.

Las preguntas nos sirven para estar a cuentas, y eso no es una cosa menor.

Algunos dicen que el arte de hacerse preguntas nació con Sócrates. De hecho, su discípulo más afamado, Platón, resaltó la importancia de las preguntas en su obra *Diálogos*.

Pero no creas que fueron ellos los sabios que nos enseñaron a hacer preguntas. El Creador del universo, al relacionarse con Adán y Eva, mantuvo una dinámica de preguntas para confrontar el pecado de los primeros humanos. *"¿Quién te enseñó que estabas desnudo?"*, le preguntó a Adán. Y más tarde hizo lo mismo con Caín: *"¿Dónde está tu hermano?"*. Y tengamos en cuenta que Dios preguntó aunque Él ya sabía la respuesta.

> *"¡Vengan y aclaremos las cuentas!* —dice el Señor—, *por profunda que sea la mancha de sus pecados, yo puedo quitarla y dejarlos tan limpios como la nieve recién caída. ¡Aunque sus manchas sean rojas como el carmesí, yo puedo volverlas blancas como la lana! Si me dejan ayudarlos, que me puedan obedecer, yo los enriqueceré".*
>
> **Isaías 1:18-19**

Necesitamos estar a cuentas con Dios, y una muestra de nuestra intención de hacer esto es ponernos a cuentas con alguien más. ¿Por qué? Porque cuando hay alguien más que sabe de tu debilidad, o de un tema con el que estás luchando, será más difícil que caigas en tentaciones, puesto que sabes que después deberás rendir cuentas de eso.

Finalmente, debo decir que las mejores estrategias contemporáneas de acompañamiento son el mentoring y el coaching, y ambas usan sistemas de preguntas para trabajar en los distintos procesos de acompañamiento. Si puedes, de seguro te hará muy bien seguir algún curso de estas disciplinas.

CAPÍTULO 27

MOMENTOS CLAVE PARA EL DISCIPULADO

Ya lo he dicho varias veces: el discipulado no se limita al proceso de enseñanza. ¡Es mucho más que eso! Es un proceso de acompañamiento que permite al discipulador desarrollar en el discípulo las virtudes del carácter de Jesús. Y eso de "acompañamiento" significa que caminas con alguien para que no vaya solo en el proceso de conocer a Dios. Por ese motivo, el discipulado no está atado a lo que suceda en un aula de clase. ¡De hecho, el aula de clase para el discipulado es el mundo entero!

¡El aula de clase para el discipulado es el mundo entero!

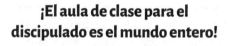

Teniendo esto en cuenta, aquí te comparto una lista de momentos que pueden ser muy oportunos si los sabes aprovechar intencionalmente para discipular...

En el camino

Amo la historia del camino a Emaús. Dos amigos haciendo un largo viaje, acompañados de Jesús, aunque no se daban cuenta de que Él estaba allí. Yo pienso así toda caminata o viaje de amigos, o de discipulador y discípulo. Jesús nos acompaña siempre, en todos los viajes, aunque no nos demos cuenta de que va a nuestro lado.

El Pastor Rafael Sánchez es parte del equipo cercano de e625 en este tiempo. ¡Admiro de él su capacidad para discipular en el camino! He tenido que hacer varios viajes con Rafa por temas de promoción de e625 en las ciudades del Ecuador, y es impresionante lo que uno puede ir aprendiendo en el camino. Siempre que se puede, Rafa se va llevando uno o dos de sus discípulos o hijos espirituales. Y mientras vamos viajando, vamos compartiendo y aprendiendo los unos de los otros. ¡Él es el ejemplo más claro que tengo al alcance de lo que es ir discipulando en el camino!

En sus éxitos y fracasos

Una de las cosas que más disfruto es cuando uno de mis discípulos prepara un momento especial para darme una buena noticia. Un embarazo, por ejemplo. O cuando consiguen un trabajo luego de mucho tiempo, y quieren hacer una comida especial para celebrar. Hemos estado junto con mi esposa en varias graduaciones de la universidad o del colegio, en matrimonios, ascensos laborales y otros tantos éxitos más. Y siempre es lindo saber que en esos momentos de éxito ellos están esperando una palabra nuestra. Claro que las primeras palabras siempre son de afirmación y felicitación por el logro conseguido, resaltando las cualidades y el esfuerzo que los ha llevado hasta allí. Pero las siguientes palabras son de advertencia, de consejo, de guía. Y es bueno cuando escuchan esas palabras y las atesoran en su corazón.

También hemos estado del otro lado. Estar junto a nuestros discípulos en los éxitos es la parte gratificante, pero los fracasos dejan siempre un mal sabor, un ambiente triste de frustración y confusión, y a veces hasta de lágrimas en los ojos. Uno no quisiera estar allí, pero debe estar.

Una de las cosas que lamento hasta el día de hoy fue una ocasión en la que una pareja de jóvenes esperaba un bebé sin haberse casado. Fue un golpe para nosotros. Ellos no tuvieron la confianza de decírnoslo, y decidieron no aparecer por un tiempo en la congregación. Nos enteramos por terceras personas. Nunca los busqué... De eso me lamento. Creo que lo que pasó por mi mente fue la idea de respetar su espacio y dejar que ellos se acercaran cuando sintieran que era conveniente. Sin embargo, con el pasar del tiempo, Dios me hizo ver que debí haber estado allí. Sí, cometieron un error y adelantaron las cosas. Pero debe haber sido duro enfrentar las críticas de la familia, de los amigos, de la iglesia, de todos, y asumir una paternidad/maternidad no planeada, que de seguro trajo a sus vidas mucha incertidumbre y culpa.

En algún momento, hace años, yo pensaba más en la disciplina cuando alguien caía. Ahora pienso más en la gracia de Dios, y en estar allí para ellos en toda circunstancia. Incluso de los errores se puede aprender, y tenemos que saber acompañar a nuestros discípulos en los momentos duros, así como lo hacemos en los alegres.

En el deporte

Uno de los primeros mentores que tuve me enseñó esto: el verdadero carácter de cada uno sale a flote cuando jugamos fútbol. ¡Y es cierto! Allí se ponen en evidencia el resentido, el mentiroso, el agresivo, el impuntual, aquel al que no le importa el resto, el perezoso, el belicoso, el burlón, el murmurador y tantos otros defectos del carácter que uno a veces esconde y que, en el calor del partido, salen a flote.

Quizás por eso dejaron de hacer campeonatos cristianos de fútbol en nuestra ciudad. Algunos incluso decían que era más sano y limpio participar en un campeonato secular que en uno cristiano. Claramente, esto deja en evidencia la falta de discipulado en nuestras iglesias...

¿Eso quiere decir que no debemos ser competitivos? No, al contrario. ¡El deporte puede ser un excelente espacio para el discipulado! Pero debemos aprender a competir a la altura de un hijo de Dios, siendo respetuosos de las reglas, respetuosos del prójimo, cuidando nuestro propio cuerpo y el ajeno, porque son templo de Dios, y guardando el testimonio ante los ojos de quienes observan.

Compartiendo una afición común

Le enseñé a jugar al ajedrez a mi hijo Mateo cuando tenía 10 años. En realidad, no hice otra cosa que mostrarle cómo se mueven las piezas.

Como era un niño, a veces dejaba que me ganara, y así disfrutábamos los dos del juego. Un día, en su escuela se abrió un club de ajedrez, y cuando él escucho eso, quiso ser parte de inmediato. Allí aprendió jugadas, aperturas y algunas cosas más. Mejoró bastante, y llegó a hacerme frente cada vez de mejor manera. Luego se olvidó un poco del tema y quedó allí.

A los 17 años quiso retomar y se metió de lleno. Estudió aperturas famosas, desde las básicas hasta las más complicadas, aprendió cómo desenvolverse en el medio juego y en los distintos finales, se sabe los nombres de los jugadores top del mundo y su ELO en partidas rápidas está en 1700, y en blitz igual. Yo apenas llego a los 1200 de ELO (solo los que saben de ajedrez entenderán a lo que me refiero). Y ya nunca le gano.

Sin embargo, aprendí a usar el ajedrez como estrategia de discipulado, encontrando referencias prácticas del día a día que se asemejan al ajedrez y de las cuales él puede aprender algo. Hacemos lo mismo con películas, series, libros, etc. Todas las aficiones que tenemos en común las he podido usar para el discipulado, y esto ha sido muy bueno.

¡Busca aficiones que tengas en común con tus discípulos, y aprovéchalas al máximo para su crecimiento!

En las circunstancias difíciles

Cuando nuestros discípulos pasan por escenarios espinosos, podemos –por supuesto– acompañarlos con amor, y aprovechar esos momentos difíciles para darles grandes enseñanzas. Jesús vio en la tormenta la poca capacidad que tenían los discípulos para resistir las circunstancias difíciles, y entonces decidió llamar su atención para recuperar la fe.

Claro que hay que ser sabios. Si están atravesando una pérdida, debemos darles esperanza y consuelo. Si han perdido su trabajo, nuestro enfoque debe ser la confianza en el Dios proveedor. Si se trata de una enfermedad, debemos orar por ellos y con ellos, hablándoles del Dios sanador. Mucho dependerá del nivel de relación que hayamos alcanzado, para así poder hablar con ellos con más autoridad, pero haciéndolo siempre con amor.

Personalmente, he tenido la oportunidad de acompañar discípulos en diferentes circunstancias. La muerte de un ser querido, el rompimiento de relaciones, escasez económica, una crisis matrimonial, el suicidio de un ser amado, el abandono de un padre, enfermedades catastróficas, etc. Cada escenario es distinto, y cada discípulo reacciona de manera diferente, así que debemos aprender a acompañarlos en cada situación compleja que les toque atravesar. Para esto debemos ser sensibles, y también orar, pidiéndole sabiduría al Señor sobre cómo ayudarlos mejor en cada caso.

Como ves, cada circunstancia de la vida puede ser usada para el discipulado. Después de todo, el discipulado es todo aquello que hacemos intencionalmente para formar en los discípulos el carácter de Jesús. ¡Y para ese propósito no hay momento que no sea apropiado!

CAPÍTULO 28

STORYTELLING
APLICADO AL DISCIPULADO

La habilidad de contar historias es algo que heredamos de nuestro Creador. Él ha visto nuestra historia desde los inicios de la humanidad. De hecho, la vio desde antes de la fundación del mundo. Y justamente una de las estrategias del pueblo de Dios a lo largo del tiempo ha sido la transmisión de historias de padres a hijos, de generación en generación...

Una de las estrategias del pueblo de Dios a lo largo del tiempo ha sido la transmisión de historias de padres a hijos, de generación en generación...

"Escucha, Israel: El Señor nuestro Dios es el único Señor. Ama al Señor tu Dios con todo tu corazón y con toda tu alma y con todas tus fuerzas. Grábate en el corazón estas palabras que hoy te mando. Incúlcaselas continuamente a tus hijos. Háblales de ellas cuando estés en tu casa y cuando vayas por el camino, cuando te acuestes y cuando te levantes. Átalas a tus manos como un signo; llévalas en tu frente como una marca; escríbelas en los postes de tu casa y en los portones de tus ciudades".

Deuteronomio 6:4-9 (NVI)

EL ARTE DEL DISCIPULADO

En hebreo, este pasaje comienza con las palabras *"Shemá Yisrael..."* (*"Escucha, Israel..."*). Y hasta nuestros días, el *Shemá* es tal vez la oración más importante para el judaísmo. Tan es así que los judíos recitan esta oración por lo menos dos veces al día, por la mañana y por la noche.

Lo que vemos en este pasaje es en realidad un Padre hablándoles a sus hijos, y contándoles en pocas palabras lo que deben hacer para ser obedientes, para no caer en los errores que cometieron sus antepasados. Por eso es necesario pasar estas historias de una generación a la otra, de padres a hijos, y a los hijos de sus hijos.

Si te fijas, la *Toráh* (el Pentateuco) está llena de sucesos, acciones y reacciones, metidas de pata y sus respectivas consecuencias. Las historias de nuestros antepasados desfilan allí sin omitir ningún exabrupto ni barbaridad... y todo para que nosotros podamos aprender de ellas.

Por eso el Padre empieza diciendo: *"Shemá..."*, *"Escucha..."*.

Piénsalo. Cuando abres una novela cualquiera y comienzas a leerla, te comprometes a escuchar una historia. No la escuchas de la manera tradicional (a menos que sea un audiolibro), sino que la escuchas con otra clase de oídos, los oídos de la mente. La escuchas con el entendimiento. Dejas que el escritor te cuente su historia, la recibes y te sumerges en ella. Y desde la primera página el escritor te grita desde su pluma: "¡Escucha esta historia...!".

Todos los escritores bíblicos fueron inspirados por Dios para contar una extensa, cruda e impresionante historia: la historia del pueblo de Dios. La Biblia es la historia de Dios con los seres humanos. Y el Padre nos ha pedido que escuchemos esa historia y la contemos...

Jesús hizo algo similar. Él vino a contar historias, al igual que el Padre le contaba historias desde un inicio a su pueblo. Cuando pensamos en la Biblia, en general hablamos mucho de los profetas, de los reyes, de los apóstoles y de los héroes de la fe. Sin embargo, casi nunca mencionamos a los *storytellers*, los contadores de historias, los escritores. Mateo, Marcos, Lucas y Juan eran *storytellers*. Ellos quisieron contarnos la historia del paso por este mundo de Dios hecho hombre, y luego también los hechos de los apóstoles. Varios *storytellers* nos cuentan la historia de Dios en cartas, en poemas, en sucesos auténticos, en alegorías, en parábolas, en fábulas... La riqueza de la narrativa bíblica es tan grande que no podemos llegar a apreciar cada detalle ni aun estudiándola toda nuestra vida.

Y Jesús nos ha pedido lo mismo: cuenten mi historia. Hagan esto en memoria de mí. Vayan y hagan discípulos. Enséñenles por medio de estas historias a guardar lo que el Padre ha dicho desde un inicio que había que guardar. *Shemá Yisrael...*

Es curioso observar que el *storytelling* es una herramienta que ha tomado auge en la última época, aunque, como te acabo de explicar, y como sucede con todas las ciencias, ¡Dios ya lo había descubierto antes, ja! Por no decir que lo había inventado... De hecho, el mismísimo Creador fue quien dotó al ser humano con la capacidad para contar historias. A lo largo de los siglos, vemos la historia del mundo contada a través de dibujos, jeroglíficos, arte rupestre, rollos y papiros. Los griegos perfeccionaron el arte narrativo con la creatividad de la mitología. Los libros nos cuentan historias, y hasta las canciones nos las cuentan. El día de hoy, ¡*TikTok* es la meca de los *storytellers*!

El pueblo hebreo cuenta historias desde hace miles de años desde la tradición oral, haciendo que los niños memoricen esos relatos desde pequeños, para que un día, cuando sean adultos y formen familias, puedan contárselos nuevamente a sus hijos sin perder detalles ni cambiar el sentido. Lo hacían en *Parash´ot* (es decir, porciones). Hasta el día de hoy, todos los hebreos estudian diariamente una porción de la Toráh. Y al iniciar el año, vuelven a empezar.

¿Por qué te estoy contando estas cosas?

Porque mi anhelo es que los hijos de Dios recuperemos la habilidad narrativa que heredamos del Eterno Dios. Está en nuestros genes naturales y espirituales. Fuimos hechos para contar historias. Así lo pensó C. S. Lewis, al mostrarnos el mundo fantástico de *Las crónicas de Narnia*. Así lo pensó J. R. R. Tolkien, en su descripción del mundo espiritual de *El Señor de los Anillos*.

Hace algunos años, tuve la oportunidad de escribir un libro digital titulado *Cuentos en tu teléfono*. Son veinticuatro historias, fábulas y cuentos para niños, con un énfasis en valores y espiritualidad. Mi intención era exponer y potenciar un arte que suele estar un poco olvidado por los creyentes. Hollywood sí que lo tiene presente, pero los hijos de Dios hemos perdido un poco esa capacidad. ¡La experiencia de escribirlo fue riquísima! El libro fue publicado en 2018, y justo dos años después, una pandemia global azotó el planeta. Entonces, ese librito digital de cuentos fue liberado para que los padres pudieran contarles historias a sus hijos mientras estaban encerrados en casa por causa de la pandemia. Recuerdo una llamada de Lucas Leys: *"Debes hacer la segunda parte. ¡Es que los padres quieren más de estos cuentos para compartir con sus hijos!"*.

Contar historias es esencial para la vida y para la transmisión de la cultura, nuestra cultura. También es esencial para la construcción de nuestro ser.

> *"Todos tenemos una historia. Nuestras experiencias son como fragmentos que se ensamblan para construir la trama de nuestras vidas".*

> **Paolo y Karen Lacota - *Imaginiería***

¿Y qué tiene que ver todo esto con el discipulado?

Bueno, Jesús discipuló a los suyos por medio de historias. Mientras estaba la multitud reunida, de repente Jesús alzaba la voz y decía: "Un sembrador salió a sembrar...". Y más tarde se juntaba con los doce y se tomaba el tiempo para explicarles lo que ya había contado.

Sí, es cierto que hay estrategias para el *storytelling* que podrías usar. Puedes buscar algo de eso luego de terminar este libro. La información está al alcance de todos. Por eso, más que compartirte estrategias, mi intención principal en este capítulo es inspirarte a ser lo que Dios ya te equipó para ser. ¡Sé un *storyteller* para tus discípulos! Cuenta historias transformadoras, encuentra la forma de relacionar las historias con lo que ellos están viviendo, activa sus sentidos, mueve sus emociones, hazles sentir que están allí. Afila tu mente y tus palabras, modula tu voz, habla delicadamente para llamar su atención y crear algo de expectativa, y sé enérgico cuando la ocasión lo requiera. Grita incluso, si es necesario. Involucra tu mente, tu corazón, tu alma, tus brazos y piernas, ¡todo tu ser!

Enfócate. Y cuenta...

¿Ya te sientes listo (o lista) para contar historias?

Podrías iniciar con algo como esto:

"Una vez me sentí tal como tú te sientes ahora. Fue una mañana trágica para mí...".

"Me sucedió algo similar y no me lo puedo sacar de la mente...".

"No creas que José fue el único maltratado y perseguido. Yo fui uno de esos que...".

"En mi interior supe que algo estaba pasando cuando...".

"Lo que sucedió con Elías en esa cueva, también me pasó a mi...".

"Quizás no me lo creas, pero yo lloré como un niño por la presencia de Dios ese día en que...".

O podrías empezar como Dios ya lo hizo una vez:

"Shemá Yisrael... Escucha, Israel...".

CAPÍTULO 29

FACILITA LA ALINEACIÓN Y LA SINTONIZACIÓN

El discipulador es un facilitador de procesos. Si el discipulado tiene que ver con los procesos que cada discípulo va experimentando mientras se afirma el carácter de Jesús en él, entonces aquel que le discipula simplemente debe convertirse en un facilitador para provocar esos momentos de impacto personal en la vida del discípulo.

Para convertirte en un mejor facilitador de procesos, quiero enseñarte lo que el Padre me enseñó a mí con estas dos palabritas: alineación y sintonización.

¡Comencemos!

Alineación

Es la colocación de algo o alguien en un sentido específico.

Uno de los recuerdos que más se repiten en mis memorias de la niñez es el de hacer fila para tomar el bus de regreso a casa. Hacer fila es algo ligero, pensarás. Pero no. ¡Eran más de cuarenta líneas de buses para llevar a alrededor de mil ochocientos estudiantes a casa luego del día de escuela! Mi línea era la del bus número 16. Yo apenas tenía 6 años, y esa era de las primeras veces que tomaba el bus a casa. Cuando vi en mi fila a alguien que no me caía bien, dije en mi cabeza: "Me cambiaré de línea. Al fin y al cabo, todos iremos a casa". Eso fue lo que pensé. Así que me cambié a la fila del bus número 15, que estaba junto a la mía. De entre cientos de estudiantes que estaban en el enorme patio esa tarde, ¿quién podría darse cuenta de que yo estaba en una línea diferente a la que me habían asignado? Yo me sentía bien alineado allí. Subí al bus 15 y pensé: "¡Aquí están los mejores estudiantes de mi clase! ¡Es la mejor decisión que pude haber tomado!". Luego me senté junto a la ventana y esperé llegar a casa.

Las calles pasaban y pasaban, una tras otra, todas desconocidas. En un momento ya todos se habían bajado, y el conductor se dirigió a mí diciendo: "¿Por qué no te has bajado?". "Es que todavía no llegamos a mi casa", respondí. ¡Me había perdido, y tuvo que venir mi papá a salvarme!

Andy Stanley, en su libro *Visioingeniería*, habla de la alineación usando el ejemplo de un vehículo cuyo tren delantero debe estar alineado con varias piezas que intervienen en el funcionamiento correcto del automóvil, de modo que pueda caminar y girar de forma fácil, predecible y eficaz. Andy relaciona esto con la alineación de un equipo de trabajo, pero yo te quiero hablar de tu alineación con Dios para trabajar en equipo con Él.

La alineación tiene que ver con estar en la línea correcta. El eterno Dios ha creado un trazo que nos muestra por dónde debemos caminar, y nuestra tarea simplemente es ir por ese trazo, por ese camino. ¡El problema es que a menudo nos pasa que queremos alinearnos al bus 15, a la línea de al lado! Es que allí parece que estaremos mejor, ¿verdad? Pero no es así... Cuando nos salimos del trazo, nos desalineamos de Dios.

Jesús es el camino. Él es ese trazo que nos muestra cómo debemos vivir. Lo dijo Él mismo: "Si quieres saber a dónde ir, toma mi camino". Pero claro, nosotros, que nos jactamos de sabios, pensamos que podemos hacer nuestro propio camino. Tomamos las decisiones que pensamos que son las mejores, y entonces terminamos perdidos en algún barrio sin poder reconocer siquiera dónde queda nuestra casa.

¡Y ese es el momento en que el Padre interviene para rescatarnos! Y lo hace una y otra vez...

"¿Cómo puede mantenerse íntegro el joven?, viviendo conforme a tu palabra. Me he esforzado cuanto he podido por hallarte: no permitas que me desvíe de tus mandamientos. He atesorado tu palabra en mi corazón, para no pecar contra ti".

Salmos 119:9-11

> **Tu tarea como discipulador es ayudar a tus discípulos a permanecer alineados al plan de Dios.**

Tu tarea como discipulador es ayudar a tus discípulos a permanecer alineados al plan de Dios, que está dispuesto en su Palabra a través de la persona de Jesucristo. El trazo ya está hecho. El camino ya está definido. Cuando veas que tu discípulo se va saliendo del camino, entonces es tiempo de intervenir con algún proceso para ayudarlo a volver al trazo.

Estar alineados es estar en el camino que Él ha trazado.

Sintonización

Este, en cambio, es un asunto de conexión.

Tal vez hayas visto en alguna de las series antiguas que cuando salieron los primeros televisores la conexión no era buena. Entonces se colocaba una antena para que mejorara la recepción de la señal y la familia pudiera disfrutar de los programas. Hoy eso es algo que ya no existe, así que déjame pensar en un ejemplo más moderno.

Bueno, hablemos en términos actuales. Cuando llegas a un lugar y no tienes datos en tu teléfono para acceder a internet, lo que buscas es la contraseña del wifi más cercano para poder conectarte, ¿verdad? ¡Eso es la sintonización!

Algo similar sucede con la radio. Cuando quieres escuchar una emisora en particular, lo que haces es buscarla en el dial para poder sintonizar esa estación que quieres.

De la misma manera, cuando estás discipulando a alguien, es crucial ayudarlo a permanecer sintonizado con la estación de Jesús. Con su palabra, con su consejo, pero sobre todo conectado con Él.

Conectarse con Dios es en realidad un tema de comunicación. Así como la radio nos comunica algo, porque hay un emisor, un receptor y un mensaje, de la misma manera ocurre con Dios. A veces, Él es el emisor que nos envía un mensaje, y nosotros debemos aprender a recibirlo. Otras veces, nosotros tenemos un mensaje para Dios, y la puerta de acceso siempre estará abierta para que Él pueda escucharnos.

"Yo estoy siempre a la puerta y llamo; si alguno escucha mi voz y abre la puerta, entraré y cenaré con él y él conmigo".

Apocalipsis 3:20

Cenar con Él representa un momento de conexión íntima y especial en donde la comunicación fluye de manera genuina y no forzada. Todos los hijos de Dios debemos aprender a mantenernos conectados al Padre para saber escuchar su voz. Puede ser que cada uno tenga una manera diferente de conectarse, pero la necesidad es la misma: sintonizarnos con Él.

Por eso digo que esta dinámica de hablar con Dios y de aprender a escucharlo es algo que todos los discípulos de Jesús debemos aprender, practicar y profundizar. ¡No existe una relación con alguien con quien no te comunicas!

Tanto discipulador como discípulo debemos estar sintonizando la emisora del Padre, y si es así, recibiremos el mismo mensaje y ambos seremos dirigidos hacia el propósito eterno para el cual hemos sido creados.

Estar sintonizados es estar conectados con Él para así escuchar su voz.

¿Quieres saber cómo aprendí todo esto? Caminando. Junto con mi esposa empezamos caminatas en un parque todas las mañanas para poder mejorar nuestra salud y nuestra condición física. Allí el Padre nos empezó a hablar... Tuvimos que aprender a alinearnos a su camino, y aunque a veces queríamos hacer nuestro propio camino, entendimos que siempre su camino es mejor que el nuestro. Allí también aprendimos a afinar el oído para escuchar y entender lo que el Padre nos estaba hablando. Aprendimos a conectarnos con Él de maneras diferentes a las que habíamos aprendido antes, y luego les enseñamos a nuestros discípulos a moverse en esas esferas, facilitando para ellos procesos para que puedan caminar alineados a la voluntad del Padre y aprendan a sintonizar continuamente su voz.

Por eso te animo a poner en práctica lo que has leído en estas páginas. ¡Porque deseo lo mismo para tu vida y la de tus discípulos!

CAPÍTULO 30

PRINCIPIO AXIOLÓGICO DEL DISCIPULADOR

En su libro *Mero cristianismo*, el escritor C. S. Lewis aborda el tema de la moral, corrigiendo el pensamiento popular que dice que Dios es un espía que está atento a los momentos de diversión de los humanos para impedirles disfrutar.

Dice textualmente: *"En realidad, las reglas morales son instrucciones para el funcionamiento de la máquina humana. Toda regla moral está ahí para impedir un desperfecto, un esfuerzo desmedido o una fricción en el funcionamiento de esa máquina".*

Lewis divide en tres partes el ejercicio de la moral. La primera habla de la justicia y la armonía entre las personas. La segunda, de la armonía y el orden en el interior del ser humano. Y la tercera apunta a su propósito, a aquello para lo cual fue creado.

Desde esa perspectiva, entendemos la moral como un conjunto de leyes y normas que nos permiten armonizar nuestras relaciones, nuestro ser interior y nuestra participación y aporte a este mundo. Así, toda práctica se enmarca dentro de un sistema de valores éticos y morales para moldear su ejercicio.

La axiología, por su parte, es una rama de la filosofía que estudia aquello que es valioso o estimable. De allí que cada disciplina lleve consigo un código de ética para su práctica rutinaria, y que todos los participantes estén de acuerdo y se sometan a dicho código que incluye, sobre todo, aspectos enmarcados dentro de la ética y la moral.

Para aquellos que hemos puesto la mano en el arado y hemos asumido la tarea de cumplir la misión de Jesús, resulta imprescindible poder acudir a una normativa que guíe nuestro accionar en el campo del discipulado. Sobre todo, sabiendo que Dios requiere de nosotros que seamos diferentes, santos, apartados de la dinámica amoral que predomina en el mundo.

"La Biblia afirma que Dios, fuente de toda moral, difiere de los dioses de las naciones. Y por cuanto Él es diferente, así debemos serlo nosotros".

Darrow Miller – *Discipulando naciones*

Claro que esto podría sonar muy frío, como una lista de cosas que podemos hacer y otra que no, pero es mucho más que eso. Es un código espiritual que define nuestro accionar conforme a la voluntad del Padre revelada en la Escritura. Es bueno ponernos de acuerdo sobre algunos límites morales que nos ayuden a no sobrepasar ninguna línea. Es bueno tener a mano un esquema de lineamientos que delimiten el accionar del discipulador.

Aquí te dejo algunas ideas al respecto:

El discipulador no debe enseñorearse de aquellos que Dios le entrega para discipular

Es fácil, en la naturaleza caída del ser humano, dejarse seducir por el poder y la influencia que significa tener a alguien bajo nuestra tutela. Sin embargo, un discípulo no es alguien que debe someterse a toda costa a la voluntad del discipulador, puesto que este es también un hijo de Dios todavía perfectible en muchos aspectos. Más bien, ambos deben someterse a Dios, aunque deben aprender a someterse unos a otros como la Escritura recomienda. Pero siempre es un trato de ida y vuelta.

No es ético usar la influencia que nos ha sido otorgada para dirigir al discípulo conforme a nuestra voluntad y criterio.

Dicho en otras palabras, no es ético usar la influencia que nos ha sido otorgada para dirigir al discípulo conforme a nuestra voluntad y criterio. Si así se hace, la consecuencia será que el discípulo no crecerá y no aprenderá a tomar decisiones, porque no aprenderá a ser independiente.

Esto también podría tener relación con temas de orgullo y soberbia en el discipulador que debería tratar con alguien superior.

Recuerda que, aunque estás arriba de esta persona en cuanto a autoridad, esa autoridad no te otorga el derecho a ser su gobernante, sino la obligación de ser su servidor, porque así es el reino de los cielos.

El discipulador no debe actuar por vanagloria

Es fácil echarse flores por las victorias. Sin embargo, aunque nos alegramos cuando nuestros discípulos consiguen algo bueno, toman una buena decisión o demuestran un fruto de crecimiento, eso no nos da el derecho de gloriarnos por esa victoria.

Escucharemos elogios, palabras de gratitud, reconocimiento público o privado, pero no debemos permitir que ninguna de estas cosas nos lleve a robarnos la gloria que solo le pertenece al Señor. La victoria no llegó porque hiciste bien tu trabajo, o por las mejores herramientas que usaste, o por el mucho tiempo que invertiste, sino porque al Señor le plació darte gracia y favor para que tu discípulo pudiera conseguirlo.

Usualmente, el querer vanagloriarse por este tipo de cosas pone en evidencia un área de inmadurez en el discipulador que debería ser corregida.

El discipulador debe cuidarse del involucramiento sentimental

No es infrecuente enterarse de la noticia de un discipulador que tuvo un acercamiento romántico con alguno de sus discípulos... Y si bien es cierto que, si ambos son solteros, esto podría suceder, las intenciones del corazón del discipulador deberían estar muy bien ajustadas. Ten en cuenta que, para un soltero o soltera, el ver a alguien que es más sabio, muy correcto, líder, etc., puede dar origen a un "enamoramiento de la función" (y no de la persona), dejando de lado otros factores importantes que deben tenerse en cuenta para elegir pareja.

Personalmente no estoy en contra de que esto ocurra, siempre y cuando ambos sean solteros y sepan manejar bien sus límites. Pero recuerda: es el Señor quien conoce nuestros corazones, y Él debería moldear nuestras conductas. Si ves que algo así está comenzando a suceder, será mejor pedir consejo, hablándolo con alguien que tenga autoridad.

Y por supuesto, no puedo dejar de mencionar que también ha habido casos de personas casadas que terminan siendo infieles... Esto es muy triste, ya que por la conducta equivocada de algunos hijos de Dios, muchos quedamos en descrédito. El discipulado jamás debería verse manchado por este tipo de acciones.

El discipulador debe cuidarse de la inmoralidad sexual

La mayoría de la gente, cuando se toca este tema, asegura que es algo que jamás le pasará. Sin embargo, podemos ser tentados en toda circunstancia y no percatarnos hasta el momento en que caemos.

Mi consejo para cuidarnos de este tipo de tentación es que cuando tengamos reuniones personales con personas del sexo opuesto, las hagamos en lugares públicos, y si se trata de un aula u oficina del templo, mantengamos la puerta abierta, asegurándonos de que haya otras personas en el lugar. Si no hay nadie allí, es mejor no quedarse.

En algunos lugares prefieren que los varones discipulen a los varones y las mujeres a las mujeres. Esto puede hacerse de esta manera si así lo han acordado las autoridades. En mi criterio, no debería ser algo obligatorio. Yo veo a Jesús hablando con mujeres abiertamente, y de seguro que los apóstoles también lo hicieron. Pero, repito, todo debe ser bajo la política que cada iglesia haya acordado.

Por último, no olvides que la inmoralidad sexual también puede ser pornografía, lujuria, lascivia, y otros tantos males de la mente y de los ojos de los que nos debemos cuidar (y no, no es un problema solamente de los varones).

El discipulador debe sanear sus finanzas

¿Le puede pasar a un discipulador que se vea agobiado por las deudas? Sí. Los discipuladores también somos seres humanos. Sin embargo, de alguna manera, y al igual que en los otros temas, una caída refleja falta de autoridad en esa área. Porque, ¿cómo puedes enseñarle a otro algo en lo que todavía no eres maduro?

Es terrible, pero algunas veces ha sucedido que los mismos líderes terminan pidiéndoles dinero a sus discípulos para pagar sus deudas, y luego no pueden pagarles a ellos. ¡No hay peor testimonio que uno mismo poniéndose la piedra para tropezar!

Por eso, ten en cuenta tus áreas débiles y cuídate de no caer en descrédito delante de las demás personas. Cuando me ha sucedido algo así, he intentado ser transparente con mis discípulos, y así nos rendimos cuentas unos a otros en esa área. ¡Nos ayudamos mutuamente! Tus discípulos deben aprender también que no eres alguien perfecto, y que si tienes un área débil, la sigues tratando para madurarla. ¡Todos estamos en el camino, y nunca terminamos de crecer!

Si tienes problemas en esta área, no sería mala idea que siguieras algunos cursos sobre manejo de finanzas personales y del hogar. Hay muy buen material bíblico al respecto. Recuerda que, aunque estás discipulando a otros, tú también sigues siendo un discípulo.

¿Qué otros aspectos morales y éticos se te ocurre que un discipulador debería cuidar?

¡Inclúyelos en tu lista!

Para terminar

Este material es un aporte más en medio de un cúmulo de esfuerzos de siervos alrededor del mundo que están luchando por cambiar la cultura de la Iglesia respecto del discipulado.

El camino de discipular no será fácil, pero sí traerá consigo un sentimiento de satisfacción al saberse cumpliendo con el mandato de Jesús. Cuando dejemos este mundo y estemos en su presencia, llegaremos con la frente en alto porque, aun con todas nuestras incapacidades, decidimos asumir el reto del siervo, que aunque inútil, lo que tenía que hacer hizo.

¡Ánimo!

BIBLIOGRAFÍA

- Hermano Yun y Paul Hattaway. *El hombre celestial.* Editorial Unilit. Miami, 2005.
- Lacota Paolo y Karen. *Imaginiería.* Editorial e625. Dallas, 2021.
- Lewis, C. S. *Mero cristianismo.* Grupo Nelson. Nashville, 2021.
- Lewis, C. S. *El problema del dolor.* Grupo Nelson. Nashville, 2021.
- Miller, Darrow. *Discipulando naciones.* Editorial JUCUM. Texas, 2018.
- Nee, Watchman. *El carácter del obrero de Dios.* Editorial Peniel. Buenos Aires, 1988.
- Ortiz, Félix y Sara. *Valores.* Editorial e625. Dallas, 2019.
- Platt, David. *Radical.* Editorial Unilit. Miami, 2011.
- Quiroz, Karen. *Emociones sujetas a Dios.* Editorial e625. Dallas, 2021.
- Scazzero, Peter. *Discipulado emocionalmente sano.* Editorial Vida. Nashville, 2022.
- Scazzero, Peter. *Espiritualidad emocionalmente sana.* Editorial Vida. Nashville, 2008.
- Smallman, Stephen. *Caminando con Jesús.* Poiema Publicaciones. Colombia, 2018.
- Stanley, Andy. *Visioingeniería.* Editorial Unilit. Medley, 2016.
- Stott, John. *El discípulo radical.* Editorial Certeza. Buenos Aires, 2011.
- Valerga, Sergio. *La iglesia relacional.* Editorial e625. Dallas, 2020.

ALGUNAS PREGUNTAS QUE DEBES RESPONDER:

¿QUIÉN ESTÁ DETRÁS DE ESTE LIBRO?

Especialidades 625 es un equipo de pastores y siervos de distintos países, distintas denominaciones, distintos tamaños y estilos de iglesia que amamos a Cristo y a las nuevas generaciones.

e625.com

¿DE QUÉ SE TRATA E625.COM?

Nuestra pasión es ayudar a las familias y a las iglesias en Iberoamérica a encontrar buenos materiales y recursos para el discipulado de las nuevas generaciones y por eso nuestra página web sirve a padres, pastores, maestros y líderes en general los 365 días del año a través de **www.e625.com** con recursos gratis.

zona de contenido
PREMIUM

¿QUÉ ES EL SERVICIO PREMIUM?

Además de reflexiones y materiales cortos gratis, tenemos un servicio de lecciones, series, investigaciones, libros online y recursos audiovisuales para facilitar tu tarea. Tu iglesia puede acceder con una suscripción mensual a este servicio por congregación que les permite a todos los líderes de una iglesia local, descargar materiales para compartir en equipo y hacer las copias necesarias que encuentren pertinentes para las distintas actividades de la congregación o sus familias.

¿PUEDO EQUIPARME CON USTEDES?

Sería un privilegio ayudarte y con ese objetivo existen nuestros eventos y nuestras posibilidades de educación formal. Visita **www.e625.com/Eventos** para enterarte de nuestros seminarios y convocatorias e ingresa a **www.institutoE625.com** para conocer los cursos online que ofrece el Instituto E 6.25

¿QUIERES ACTUALIZACIÓN CONTINUA?

Regístrate ya mismo a los updates de **e625.com** según sea tu arena de trabajo: Niños- Preadolescentes- Adolescentes- Jóvenes.

¡APRENDAMOS JUNTOS!

DESCUBRE EL NUEVO SITIO DEL INSTITUTO E625

Y lleva tu ministerio al siguiente nivel.

www.InstitutoE625.com

Escanéa
el código
para ver más

¡SUSCRIBE A TU MINISTERIO PARA DESCARGAR LOS MEJORES RECURSOS PARA EL DISCIPULADO DE LAS NUEVAS GENERACIONES!

Lecciones, bosquejos, libros, revistas, videos, investigaciones y mucho más

e625.com/premium

ZONA DE CONTENIDO
PREMIUM